体育科授業サポートBOOKS

必ず
うまくいく！

1年生担任
のための
体育活動
アイデア

夏苅 崇嗣 著

JN021562

明治図書

はじめに

　前著『この1冊でまるごとわかる！小学1年生の体育授業』を書いたのが2019年。今から4年前のことです。そのとき受け持った子どもたちは現在5年生です。子どもたちが校庭で遊んでいる姿を見ると，なわとびが上手になっている子，ボール投げが得意になりドッジボールを楽しむ子など，それぞれの成長を目にすることができ，自然と笑顔になります。私は今も同じ学校で違う学年の担任として，日々授業を行っています。現在は高学年の担任をしていますが，体育の授業だけではなく，算数・社会と違う教科も指導しているなかで感じることは，「基礎・基本の大切さ」です。

　「基礎・基本の大切さ」をどんな場面で感じるかというと，体育授業で，基礎感覚が養われていない子や，技能ポイントをきちんと押さえた指導がされていない子を目にする時です。こういう子どもたちは，学年が進んでいけばいくほど辛い時間を過ごすことになります。そこで，前著では，1年間の体育授業の流れをまるごとまとめましたが，本書では，前著で書き表すことができなかった授業の詳細について執筆しました。より具体的な手順を書くことで，授業づくりがよりイメージしやすくなることを願っています。

　今回は，次のようなページ構成でまとめました。

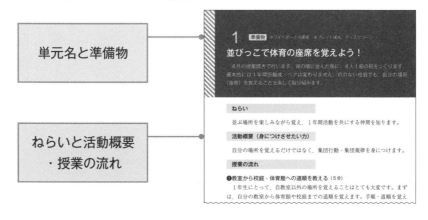

体ほぐしの運動遊び **20** min
個の運動

❸並びっこ (10分)

　全員で確認したクラスの並び順を確認する時間です。場所を変えて，何度か練習を積み重ね，自分の場所を確認させます。

並びっこ　その1
まずは，並びやすいように目標となるものがある場所で並んでみます。写真は，校庭にあるラインを目印にしてみました。

並びっこ　その2
何度か場所を変えて練習をした後に，最後に並びっこで確認します。自然と前や横との間隔を確認する子も出てきます。その時も，「すごい！」と褒めましょう！

こんな場合，どうする？

Q：なかなか並べない，自分の場所がわからない子にはどうすればよいですか？
A：○班の○番目と番号で覚えます（黒板やホワイトボードに書き込み提示する）。
　　一度並んだ様子を写真に撮っておき，わからない子に見せてあげましょう！
＊写真撮影は，ICT機器の活用が効果的です。その場で子どもたちと確認することができるので自分の場所を覚えやすいです。

第1章　体つくりの運動遊び　015

学習時間
この教材の活動時間の目安です。

写真で見る授業ポイント
授業の展開部分の写真を掲載しています。その部分のポイント解説を記載しています。

こんな場合，どうする？（Q&A）
授業中に起こりそうな場面を想定し，解決方法をQ&A方式で記載しています。

　本書は，1年生の体育授業で，経験させておきたい運動（身につけさせたい基礎感覚）についてまとめました。大切なことは，子どもたち自身が楽しむことでより体育授業が「主体的に」なり，安心できる環境であればより「対話的に」なることです。

　私自身，子どもたちと共につくり上げる授業を目指して，日々の授業を行っています。本書を先生方の授業づくりにご活用いただけると幸いです。

2023年2月

学校法人明星学苑　明星小学校　夏苅崇嗣

はじめに　003

Contents

序章　1年生の運動遊びでのポイント

第1章　体つくりの運動遊び

第2章　器械・器具を使っての運動遊び

第5章　ゲーム

第6章　表現リズム遊び

1　1年生の運動遊びとは？

「遊び」の要素を大切にする

　授業で「運動遊び」とありますが，「遊びって何？」と考えることはありませんか。「ただ遊ばせればいいの？」「どんな遊びがいいの？」と悩まれる先生方は多くいらっしゃるのではないでしょうか。「運動遊び」と示されるように，1年生の体育授業で大切にしなければならない要素は**「遊び」**です。その理由としては，「遊び」の要素が含まれている運動教材を子どもたちに提示することで，「ドキドキ感」や「ワクワク感」が高まり，一生懸命取り組むことができるためです。遊びを通して，子どもがのびのびと体を動かしながら，様々な基本的な体の動き（体づかい）を身につけることを念頭に置きながら，授業を進めることが大切です。

　子どもたちが前向きに取り組める「遊び」の要素を大切に，私たちも楽しいと思える授業づくりを行っていきたいものです。

1年生の体育授業で大切にしたい3つのポイント

　1年生の体育授業で大切にすることはなんでしょう。私は3つポイントがあると考えます。

①難しい言葉がたくさん並び，詳しく説明が必要な運動ではなく，シンプルな動きで説明が簡単でみんなが分かりやすい活動であること。
②活動がゲーム化しやすいものであること。
③教師が身につけさせたい力の明確なビジョンを持つこと。

　シンプルであることで，子ども自身が力いっぱい取り組むことができます。

また，説明が簡単であることで，休み時間やその他の時間に子どもたち同士が自分の言葉で説明することも可能となり，その運動が広がっていきます。そして，定着するまでに同じ動きを繰り返し取り組む時に，ゲーム化しやすいものであることが望ましいです。ゲーム化することで，必然的に同じ動きでも繰り返し取り組めます。その結果「できた！」と実感できる機会が多く経験できます。最後に，私たち教師が子どもたちに身につけさせたい力（基礎感覚）の明確なビジョン（ゴールイメージ）を持ち，授業計画に適切に配置することが大切です。これから始まる様々な運動に対して，授業がスタートする４月（授業開始前）までに動ける体づくりを目指す子どもの姿を先生方で共有することがはじめの一歩なのです。

体づかいを身につける

　１年生の運動遊びは，小学校体育の出発点であり，さらに体を動かすことが楽しくなるような授業づくりを心がけなければなりません。１年生の体育授業では「土づくりをして種をまくこと」を念頭に置きながら授業を進めます。これから学ぶ数多くの運動に対して，対応できる体づかい（動き方）と全力で取り組もうとする態度を育むことを第一に考えます。何よりも，体を動かすことを楽しめる教材を１年生（低学年）のうちにたくさん経験させることが大切です。１年生（低学年）で経験させておきたい（身につけさせたい）力としては，

○逆さ感覚	○手足の協応動作	○腕支持感覚
○回転感覚・振動感覚	○体幹の締めの感覚	

が挙げられます。本書では，この力につながる運動を中心に紹介しますが，この力は学年が進んでも大切なものであり，上学年の運動につなげることが私たち教師の役割なのです。

2　1年生の体育授業のポイントは？

「共創」の中で育む

1年生の体育授業で心がけていること

「遊ぶこと大好き！　元気いっぱい1年生！」

このような1年生ですが，「体育」の授業で学習する運動は初めて経験するものが多くあります。また，授業中のルールや決まりごと，友だちとの関わり方など学ぶこともたくさんあります。そして，1年生の子どもたちは，各自様々な運動経験をして小学校に入学してきます。まずはじめに，その経験値の違い（できる・できない）を授業内でしっかりと見取ってあげることが大切です。同時に，たくさんの「できた！」を保障してあげる授業づくりを行う必要があります。そのためには，どのような授業を行えばよいのでしょうか。1年生の指導で特に大切にしたいポイントは次の通りです。

❶「競争」よりも，「共創」を大事に！

→「できた私を見て！　先生」と競争意識が高い子どもたちですが，1年生の時期は「仲間と共につくり上げる」ことを大切にします。

❷仲間の動き・声を見る・聴く

→自分の動きはなかなか見ることができません。同じ班の子，ペアの子の動きや声をよく聴くことも大切なポイントです。

❸肯定的な言葉がけを

→教師自身の声かけが前向きで，温かいものだと子どもたちも自然と励まし合い，認め合う言葉が多くなります。

小学校生活の土台となる1年生の授業です。算数の計算や国語のひらがなを学ぶように，多くの体の動かし方を学ばせたいです。

穏やかな態度と言葉で授業を楽しむ

体育の授業に限らず,「学ぶ意欲が高まり,笑顔が溢れ,子どもたちの心弾む姿が見られる授業とはどんな授業か」「その授業をつくり上げるために必要なことは何か」といつも考えながら授業を行っています。また,そこで必要となることを想定しながら授業計画を立てています。

そこで,私が一番大切にしていることは,「表情」と「態度」です。私自身が授業中に,常に笑顔でいることや穏やかな態度や言葉でいると,よい雰囲気の授業が進められることが多くあります。子どもたちの「やる気」を高め「楽しいと思えるか」「できるようになるか」「わかったか」など,全員が「わかる」「関わる」授業の根底には,教師自身の立ち振る舞いがあります。いつも笑顔で子どもたちと共に楽しむ授業を心がけたいものです。

「短く」そして「長く」運動と向き合う機会を保障する

1年生の子どもたちは,集中力が長続きしないことがよくあります。そこで,1単位時間を弾力的に区切る考え方（モジュール化）を使い,学習する運動の動きの頻度と期間（時間）を保障する必要があります。例えば,6時間の単元をモジュール化すると,12回（20分×6回）の活動ができ,子どもたちの成果を上げる可能性が高まります。45分間の授業でできることには限りがあります。授業で学習した運動が楽しければ「もっとやりたい！」と挑

戦する時間を子ども自身が探します。そこで,大事にしたいことは,「休み時間」です。友だちと声をかけ合い,「ねえ,鉄棒行こうよ！」や「なわとびしない？」と遊びが大きく変化します。学年が進んでも魅力ある教材で授業を行い,運動と向き合う時間を保障することで,身につくことが自然と多くなります。低学年（特に1年生）だからこそ,あれもこれもと欲ばらずに,身につけさせたい力を精選して取り組ませてみてください。

第 1 章

体つくりの
運動遊び

準備物 ホワイトボードか黒板，タブレット端末，ディスクコーン

並びっこで体育の座席を覚えよう！

4月の授業開きで行います。背の順に並んだ後に，4人1組の班をつくります。基本的には1年間班編成・ペアは変わりません。机のない校庭でも，自分の場所（座席）を覚えることを楽しく取り組みます。

ねらい

並ぶ場所を楽しみながら覚え，1年間活動を共にする仲間を知ります。

活動概要（身につけさせたい力）

自分の場所を覚えるだけではなく，集団行動・集団規律を身につけます。

授業の流れ

❶教室から校庭・体育館への道順を教える（5分）

1年生にとって，自教室以外の場所を覚えることはとても大変です。まずは，自分の教室から体育館や校庭までの道順を覚えます。手順・道順を覚えることが第一歩です。できれば，最初のうちは一緒に移動するといいです。

＊並ぶ時間が早くなったら，「新記録！」と褒め，早く並ぶ習慣づけをします。

❷並ぶ場所を確認する（5分）

・4列横隊をつくる（体育の座席表づくりをする）。＊教師主導で行う。

・教室の座席のように並び順を決めると，次のようなメリットがある。

　①自分の場所が確実にわかる。

　②ペア学習・4人・8人のゲームにも同じメンバーで取り組める。

＊次の時間は，この列で並べるか様子を見ます。もちろん並べたら「褒める！」

❸並びっこ（10分）

　全員で確認したクラスの並び順を確認する時間です。場所を変えて，何度か練習を積み重ね，自分の場所を確認させます。

> **並びっこ　その1**
> まずは，並びやすいように目標となるものがある場所で並んでみます。写真は，校庭にあるラインを目印にしてみました。

> **並びっこ　その2**
> 何度か場所を変えて練習をした後に，最後に並びっこで確認します。自然と前と横との間隔を確認する子も出てきます。その時も，「すごい！」と褒めましょう！

こんな場合，どうする？

Q：なかなか並べない，自分の場所がわからない子にはどうすればよいですか？

A：○班の○番目と番号で覚えます（黒板やホワイトボードに書き込み提示する）。
　　一度並んだ様子を写真に撮っておき，わからない子に見せてあげましょう！

＊写真撮影は，ICT機器の活用が効果的です。その場で子どもたちと確認することができるので自分の場所を覚えやすいです。

聴いて！見て！何人組（仲間）をつくってみよう！

　4月の授業で行います。学級にはどんな人がいるのか？　まだ話したことのない人がいるけど……と思っている子に対して，授業を通して仲間づくりのきっかけをつくり，よりよい関係づくりを学ぶ場として設定します。

ねらい

　これから活動を共にする仲間を知り，そして誰とでも仲よく活動できる気持ちを育みます。

活動概要（身につけさせたい力）

　太鼓を叩いた数や笛を鳴らした数の人数でグルーピングします（よく聴く！）。困っている人はいないか？　まだグループに入れない人はいないか？（よく見る！）確認する力を育みます。

授業の流れ

❶はじめはリズミカルに歩いたり，スキップしたり！（5分）

　決められた範囲の場所を自由に歩いたり，スキップさせたりすることから始めます（歩き方はどんなものでも OK です）。まずは，リズム太鼓を叩いて，元気よく気持ちを解放できる雰囲気づくりを心がけます。元気よく，楽しく活動している子を褒めるとクラスの雰囲気がグッと盛り上がります。

❷少人数でできるかな？（5分）

　楽しく歩いた後に，「太鼓の叩いた数のグループづくりをしてみよう！」と投げかけ，まずは 4 人ぐらいからスタートします。多くは，男の子だけのグループや女の子だけのグループがほとんどです。しかし，男女混合のグループや，困っている子に声をかける子がいた場合には，大いに褒めてあげます。誰とでも仲よく，楽しく活動する土台づくりとします。

❸みんな仲よく！集まりたい！（10分）

　少人数を何回か経験させると，「もっと人数増やしたい！」というリクエストが出てきます。10人，14人などとクラスの人数の半分を最高人数に設定して，「集まりたい！」と思える活動にします。

> **元気よく！楽しく！**
> 心を解放している子や一生懸命取り組んでいる子には，「○○さんは今日一番かっこいいね！」や「リズムよくスキップできているね！」と声をかけます。

> **たくさん集まれた！**
> 「集まれたら座ること」を課題達成の合図にします。「あと○人足りない！」「こっちにおいで！」と子どもたち同士の声かけが活発になります。

こんな場合，どうする？

Q：関わることが苦手な子はどうすればよいですか？

A：一緒に手をつなぎながら歩き，グルーピングの時間には，一緒に仲間に入る方法を練習します。何度か経験を積み重ねると，周囲の子も「一緒にグループになろう！」と声をかけてくれます。私たち教師の動きを見てくれる子が必ずいます。そういう子も見逃さずに活動してみましょう！

3 準備物 特になし

いろいろ　よーいドン！

様々な活動に慣れてきた時期（5月）に実施するとよいと思います。「よーいドン！」を理解した上で，いろいろな姿勢からスタートします。いつもと違うスタートをすると，体の使い方の違いを体感できます。

ねらい

普段は走る準備をしてからスタートしますが，非日常的な体勢からスタートすることを経験させ，その感覚の違いを味わわせます。

活動概要（身につけさせたい力）

非日常的な姿勢からスタートし，自分自身の体の使い方を学びます。

授業の流れ

❶まずはいつも通りの「よーいドン！」から（5分）

いつも通りのスタートの仕方から始め，どんなところに気をつけてスタートするか，子どもたち同士で意見交換しながら取り組みます。

❷寝転がった姿勢からスタートしてみよう！（5分）

立った状態でのスタートが当たり前と思っている子どもたちに，「その場に寝てみて！」と伝えると，「どうして？」「そこからスタートしてみよう！」とワクワク感いっぱいの時間が共有できます。さらに，「手は使わずに起き上がれる？」と課題を追加してみると，さらに盛り上がります。

❸共有する時間も大切にしながら……（10分）

　うつ伏せ，長座，大の字など子どもたちが「えっ？」と驚きワクワクするような姿勢を経験させ，不思議な感覚を実感させます。「いろいろな姿勢からスタートしてみてどうだった？」とみんなで気持ちを発表する場面も大切にします。

> ### 上手な体の使い方は？
> 取り組んでいる子どもたちは，自分なりの考えでスタートをしています。上手なスタートをしている子を見つけて，みんなの前で共有する時間も大切にします。自分と違った方法を体感することで，新たな感覚を身につけることができます。

> ### こんなスタートは？
> 「スタートの仕方が違うと，どんな感じだった？」などと振り返りの時間も大切にします。体の違和感や難しさを自分の言葉で表現させ，共感する時間を設定することもこの活動での大切なポイントです。

こんな場合，どうする？

Q：時間がかかってしまう子には，どのようなことに気をつけますか？

A：決して速さを競うことが目的ではないので，最後まで走りきることを子どもたちには伝えます。競うことよりも，体の使い方について自分の言葉で交流ができることを，価値づけてあげます。体の使い方が上手になってきたら，その点は必ず即時評価してあげます。

4 　準備物　特になし

ねー，ねー，ねー，ねこ！

　体育授業だけではなく，他教科の授業でも必要な「正しく聴く力」と「正しく見ること」を学ぶために早い段階で行いたい内容です。ルールが少し難しいので，学級の状況に合わせて実施しても構いません。

ねらい

　２人組で行う鬼遊びの要素を含めながら，正しく指示を聴く力と判断力（瞬発力）を育みます。

活動概要（身につけさせたい力）

　１対１で全力で追いかける・追いかけられる場面を経験し，鬼ごっこの入門編として活動します。

授業の流れ

❶鬼は先生！〜逃げ方を知る〜（5分）

　鬼遊びの経験が少ない子もいるので，あらかじめ鬼を決めて「よーいドン！」で始めます。鬼は先生。逃げる役は子どもたちにして，逃げ方を学びます。１回目なので「逃げる人は，一直線に逃げること」とルールはシンプルに。「逃げることが楽しい！」「先生から逃げられた！」と成功体験を積み重ねることを大切にします。

❷お試しゲームをやってみよう！（5分）

　「先生はネズミです。みんなはねこになってください！」と投げかけます。「ねことネズミは仲が悪いから逃げなくちゃいけないね！」と子どもたちから反応があれば最高です。そして，ゲームが始まる合図を「『ねー，ねー，ねー，ねこ！』にしてみるね！」と子どもたちにさらに投げかけてみます。「『ねこ！』の言葉でスタートするよ！」と確認してから，何回か１対１の子

ども同士でお試しゲームを経験させます。

❸**本番！「ねー，ねー，ねー，ねこ！」に挑戦！**（10分）

お試しゲームを経験した子どもたちに，本番ゲームを行うことを伝えます。「ねー，ねー，ねー，ねぎ！」と間違えてみます。「ねこ」でないのにスタートする子もいますが，「ねこじゃない！」と気がつく子がいます。ここがこの活動の楽しさのポイントです。意欲的に取り組ませるしかけとして，教師がわざと間違えることで，指示をしっかり聴く意識が高まります。

わざと間違えてみると……
「ねぎ！」「ネクタイ！」などわざと間違えるしかけをすると，真剣に聴く子が増えてきます。「真剣に聴いているね！　えらい！」と褒めると聴くことが大切であることが浸透していきます。

真剣！一生懸命！
子どもたちは，ゲーム要素を含む活動が大好きです。わずかな時間でも運動量が確保できます。捕まえた子や逃げ切れた子には，「がんばったね！」「よく捕まえられたね！」と即時評価してあげることを忘れずに！

こんな場合，どうする？

Q：なかなかルールが理解できない子はどうしますか？

A：基本は1対1ですが，友だちと手をつないで2対1の状況で逃げたり，追いかけたりの経験を何度も積み重ねさせます。もう1人先生がいる場合には，その先生と一緒に取り組ませます。

5　準備物 リズム太鼓

こんな動物歩きできるかな？（おりかえしの運動）

低学年の体育授業での基礎感覚づくりはとても重要です。「動物歩き」のよいところは，動きの質の違う運動ができることです。また，おりかえし（往復）で運動の回数・量を短時間で確保できることもこの運動のよさです。

ねらい

中高学年の運動につながる基礎感覚づくりとして，短時間で運動量を確保します。マット運動，跳び箱運動，走・跳の運動へつながる動き（身のこなし）を養います。

活動概要（身につけさせたい力）

腕支持感覚，逆さ感覚（腰の位置より頭が下になる感覚）を中心に，動物の歩き方を真似て，感覚を養い，楽しみながら多くの経験を積ませます。

授業の流れ

❶動物歩き　その１～カンガルー（両足跳び）～（3分）

動物歩きは，一定の距離を往復させます。太鼓のリズムに合わせて，リズミカルに両足ジャンプをします。この時，両腕を大きく振ると力が加わり，前に進みやすくなります。

❷動物歩き　その２～うさぎ跳び・かえる跳び～（3分）

体を前へ投げ出すと，手と足が一瞬だけ床から離れます。着手は，手のひらでしっかりと行うことを指導します。また，床を押し，足を胸に引きつけることも大切なポイントです。

❸動物歩き　その3・4～くも歩き・アザラシ～（各4分×2）

　くも歩きとアザラシの運動は，子どもたちにとって少しハードルの高い運動の1つです。くも歩きは，手足の協応動作が難しく，アザラシの運動では腕の力と体幹を締める感覚がわからない子が多く見られます。できるだけ多く経験させたい運動の1つです。

おへそを 天井に向けて！

足をどうすればいいのかわからなくなってしまう子が見られます。同時に，お尻をついてしまう子も見られます。「おへそを上に！」と「足を前に出す感じで！」の声かけを繰り返し行います。

お尻を上げて！

最難関の動物歩きです。はじめは5mでも辛い子（できない子）がいますが，お尻を上げて，おへそのあたりに力を入れて行うと前へ進みやすくなります（正しい動きをみんなで一緒に確認しながら行うとGOOD！）。

こんな場合，どうする？

Q：この他にどんな動物歩きがありますか？

　　また，どんな感覚づくりに役立ちますか？

A：一番取り組みやすいのは，「くま歩き（手足走り）」です。腰高の姿勢になるため，逆さ感覚の運動としてとても有効な運動です。その他には，「後ろ向きくも歩き」です。体の向きを変えるだけですが，違う感覚を養えます。

6

準備物 カラーマットまたは小マット（大きさは1m程度もの），リズム太鼓

ジャンプでGO！マットの川を跳び越えよう！

子どもたちが大好きなおりかえしの運動の中の1つ。バリエーションを変えることで，さらに楽しく取り組むことができます。カラーマット（小マット）を置くだけですが，リズムが崩れ，今までにはない感覚で取り組めます。

ねらい

障害物走の入門編の1つとして，短時間でたくさんの「できた！」と「楽しい！」を経験させながら，技能を高めます。

活動概要（身につけさせたい力）

今後行う「川跳び：走り幅跳び」で必要となる技能の1つである，片足踏み切り（片足ジャンプ）の感覚を養います。

授業の流れ

❶マットの川を跳び越えよう！（5分）

おりかえしの運動で往復するコースの真ん中に，カラーマット（小マット）を置きます。まずは，「一斉に跳んでみよう！」と投げかけます。初めての経験で躊躇する子や怖がってしまう子など様々ですが，クラスみんなで「片足ジャ〜〜〜ンプ！」と合言葉を声に出しながら取り組ませます。もちろんできなくても大丈夫という雰囲気づくりを大切にし，活動させます。「ト・ト・ト・ト〜ン」と太鼓の音を効果的に使ってみると，楽しい雰囲気が高まります。

❷チーム対抗戦！（10分）

　何度か跳び越しを経験させた後，４人１組のチーム戦を行います。ゲーム要素を取り入れることで，学びへ向かう意欲もさらに高まります。繰り返し取り組むことで，基本的な動きを身につけます。

メンバーの姿を見る！
自分の姿を見ることはできませんが，友だちの姿を見ることで，自分の身のこなしの参考になることもあります。「GOOD！」「OK サイン」を出してあげて，よいところを友だちに伝える活動も大切にします。

チーム戦にも挑戦！
おりかえしの運動に，リレー方式を取り入れます。ゲーム要素を取り入れて行いますが，タイムを競うと同時に，速い動きの中でも，正しく動けるような感覚づくりを行います。量を多く経験させ，技能を高めていきます。

こんな場合，どうする？

Q：片足踏み切りができない子には，どのような指導が効果的ですか？

A：両足で踏み切る子には，手をつないで一緒に走り，ジャンプの時に持ち上げてあげます。その時一緒に「片足ジャ～～～ンプ！」と声かけも忘れずに行うと，片足踏み切りの感覚を体感させられます。

7

準備物 カラーマットまたは小マット（大きさは１m程度もの）

アレンジしてみよう！おりかえしの運動

おりかえしの運動のバリエーションを変えたものです。今回は，「転がる」ことを取り入れます。１人で行うものと，２人で行うものとに分けて行うことができるので，運動の幅も広がります。

ねらい

おりかえしの運動に，１つ運動を加えることで体の様々な部分を使いながら取り組み，基礎感覚や運動技能を高めます。

活動概要（身につけさせたい力）

四肢を使うことを目的にして行うおりかえしの運動です。逆さ感覚と腕支持感覚，そして回転感覚を同時に養えるようにアレンジした運動です。

授業の流れ

❶マットで１人前転がりに挑戦しよう！（10分）

おりかえしの運動に慣れてきた時に，マットを１つ追加するだけで，体の使う部分が大きく変わります。したがって，四肢だけではなく，体全体を使った運動へ変わります。

カラーマット（小マット）で前転がり（前転）を行います。立った状態から，体を小さくして回る体勢へ変える難しさを味わいながら取り組みます。リズムが崩れるので，調整力も必要となる運動です。

❷2人で前転がりに挑戦しよう！ (10分)

　2人組でのおりかえしの運動で運動する内容は同じです。ここでは，2人組になり手押し車から前転がり（前転）を行います。2人で行うと，今までできなかったこともできることがあります。助け合いながら「できた！」を増やしていきたいものです。

前転がりのポイントを確認しながら！

カラーマット（小マット）の印（この写真では，一番手前の○）に後頭部をつけるように事前の学習（前転がり・前転）をしているので，2人組でも同じように行います。2人組の前転がり（前転）なので，1人の時よりも後頭部からマットにつきやすくなります。友だちに手伝って（補助して）もらって，「できた！」と実感できることも，1年生の体育授業では大切にしたいことです。

こんな場合，どうする？

Q：2人組の前転がり（前転）の時に行う，手押し車が上手にできません。
何かコツはありますか？

A：手押し車のコツは，お尻を上げること（おなかをへこませること）です。足を持っている人が，軽くなったら上手にできた証拠です。「お尻を上げてごらん！」と「おへそのあたりに力を入れてごらん！」は効果的な声かけです！

8

前後・左右・右回り・左回りは完璧に！
その場ジャンプ！ （短縄）

なわとびの入門期に行う運動の１つです。縄の操作も重要な技術ですが，その場でジャンプすることも重要です。真上に跳ぶ調整力がないと，跳んでいる時に，あちこち移動してしまいます。

ねらい

両足でその場で真上にジャンプします。以前は手を叩いたり，太ももを叩いたりする活動を行っていましたが，自分の縄を目標（目印）にして跳びます。

活動概要（身につけさせたい力）

同じ場所を，繰り返し跳ぶことで安定した跳躍動作を実現します。左右に跳んだり，右回り・左回りに跳ぶことで，調整力も身につけます。

授業の流れ

❶まずはお手本を見て学ぶ（2分）

その場ジャンプで大事なことは，リズミカルに足裏を全て地面につけずにつま先で跳ぶことと，膝のクッションを使うことです。１年生には，「先生の跳び方をよく見て！」と投げかけます。すると「音がしない！」「軽く跳んでいる感じがする！」などの意見が出てきます。「先生のように跳べるかな？」でスタートするとポイントが絞られてよいかと思います。
＊縄でなく，ケンステップでもOK！

❷楽しく！いっぱい！バランスよく！跳んでみよう！（8分）

　なわとびを上手に跳ぶポイントは，「量」です。「量は質を凌駕する」という言葉もあるように，とにかくたくさん跳ぶことを保障してあげます。しかし，単に跳ばせるのではなく，ポイントを押さえ，「楽しく！バランスよく！」を心がけます。

まずは1本の縄で！
1本の縄を置き，前後・左右に10回ずつ跳びます。写真のように，ペアで見合うことで，「音がしなくなったよ！」「つま先で跳べているね！」などちょっとした変化を伝え合うことが上達の近道となります。

2本の縄を使って！
前後・左右の跳び方を，バランスよく経験した後に，「クロスジャンプ」へ進みます。「右回りで！」や「左回り！」と声をかけて，その通り再現できているかを確認します。回数を経験していくうちに，少しずつ調整力がついていきます。

こんな場合，どうする？

Q：リズムよく跳ぶことができません。こういう時にはどんな工夫が効果的ですか？

A：足裏全部使ってバタバタと跳んでしまう子，一定のリズムで跳べない子は，太鼓の音を意識させます。「トン！トン！トン！」とゆっくりなリズムでたくさん経験させます。それでもうまくいかない場合には，両手を持って一緒に跳んであげることが一番効果的です。

9 | 準備物 短縄（活動によっては，ペアの子の縄を使用）

回し方いろいろ！回旋動作を身につけよう！（短縄）

簡単に見える縄の操作。しかし，子どもにとっては，非常に難しい操作です。ここでは，「手首を使って回すこと」をメインのポイントにして，グリップは腰の位置に，脇を絞めて細かく回す経験をたくさん積み重ねます。

ねらい

様々な回し方を楽しみながらたくさん経験させます。基本的には，短縄は手首を使って細かく回します。長縄につながる回し方は，肩を中心に大きく回すことを理解させます。

活動概要（身につけさせたい力）

脇回旋，体の前での回旋，頭の上での回旋，8の字回旋とこれから学習する短縄はもちろん，長縄にもつながる技能を身につけます。

授業の流れ

❶基本は脇回旋！左右バランスよく！（3分）

この時間はいきなり縄を跳ばせることよりも，縄を回す技能を身につけることの方を優先します。安定した縄の回旋動作が，なわとびの上達のコツです。

大切なことは，左右バランスよく回すことです。右手で10回回したら，左手も10回回すことで，より安定した回旋動作が身につきます。また，回す際に，膝でリズムをとることで，跳ぶタイミングも掴みやすくなります。太鼓の音に合わせて，ゆっくりとしたテンポから始めてみます。

❷回し方いろいろ！楽しく回そう！（7～8分）

脇回旋だけを黙々と続けると，集中力が長続きしない子が多く見られます。そんな時には，いろいろな縄の回し方を経験させます。①頭の上で「ヘリコプター」，②体の前で「ぐるぐるぐる」，③体の前で「肩を中心に大きく回そう」などバリエーションを増やしていきます。

いろいろな場所で 回してみよう！

写真は「ヘリコプター」の様子です。他にも，体の前で「ぐるぐるぐる」と小さく回したり，大きく回したりと，様々な回し方を経験させると，楽しく回数が保障されます。
＊体の前で「肩を中心に大きく回す」は長縄の回し方につながります。

2本の縄を使って！

1本の縄を跳ぶ前に，2本の縄を使って回す経験も大切です。左右の手のバランスがしっかりしていないとうまく回せません。体の前で2本の縄を交差させることで，「交差とび」の練習にもなります。発展技の1つです！

こんな場合，どうする？

Q：回す縄が体に絡まってしまう子には，どのような指導がいいですか？

A：縄が体に巻きついてしまう子は必ずいます。手首を回す位置が体の方へ向きすぎていることが原因です。「地面に縄を叩きつけるように！」と伝えたり，子どもの後ろについてあげて，手を添えて一緒に回すことも効果的です！

10 準備物 短縄, リズム太鼓

とんとん跳びで新記録を目指そう！

かかとの後ろから縄を上げ，頭の上を通り，縄を跳び越える動作の繰り返しですが，一回旋一跳躍を目標に取り組みます。いよいよ実際に縄を跳ぶ「とんとん跳び」は，名前の通りトントンとリズミカルなイメージで行います。

ねらい

一回旋一跳躍の目標へ向かって，2人1組で学習を進めます。「回し方OK！」や「手首を細かく回してみたらどう？」というような対話も重要視しながら，技能の向上を目指します。

活動概要（身につけさせたい力）

両足跳びの前回し→両足跳びの後ろ回しを第一の目標にします。縄を跳びながら，回旋動作と跳躍動作の調整力を身につけます。

授業の流れ

❶太鼓の音（リズム）に合わせてトントントン！（5分）

回旋動作を多く経験したら，いよいよ実際に縄を跳びます。ここでは，手首中心に細かく回せずに，肩中心に大きく縄を回す子や，足裏が地面にバタバタとつき，大きな音を立てながら跳ぶ子など，今まで学習してきたことが

再現できていない子が多く見られます。そこで，太鼓の音に合わせながら，ペアの子に跳んでいる姿を見てもらうことを徹底します。
＊「手首OK！」「足音も静か！」など観察ポイントも事前に確認しておくと効果大！

❷まずは10回！そして後ろ回しにも挑戦しよう！（10分）

　前回しの目標をまず10回に設定します。10回できたら，「次は何回にする？」と投げかけてみると「100回！」など主体的に取り組む子が増えてきます。この時間は，できる限りたっぷり確保してあげ，満足度・達成感・成就感を多く味わわせたいです。

見て！見て！即時評価は忘れずに！

跳ぶ経験を積み上げていくと，確実に上達していく子どもたちです。なわとびは，練習をしただけ必ず上達する運動です。すると，クラスの至る所から「先生！　○回跳べたよ！」「見て！　見て！」と声が上がります。その際には，「縄の回し方が上手になったね！」や「跳び方が綺麗！」など具体的に褒めましょう！

10回跳べたら交代ね！

この教材は，ペアでの学習時間が多くなります。1人の子ばかりが跳ぶのではなく，10回ごとに交代したり，3回引っ掛かったら交代したりするなど，約束事を決めて進めるとよいと思います。
＊この時に，子どもたちの姿を補助簿に記録していきます。

こんな場合，どうする？

Q：一回旋二跳躍になってしまう子はどうすればよいでしょうか？

A：どうしても一回旋二跳躍になる子はいます。その子には，片手の脇回旋をもう一度確認します。また，「縄が地面についた『パン！』で，ジャンプ！」とオノマトペで教えてあげることもよいと思います。

11 準備物 短縄

30秒早回しで二重回しに挑戦！

　子どもたちの憧れの二重回し（二回旋跳び）。一回旋一跳躍がスムーズになると休み時間にも練習をするようになります。そこで，二重回しができるようになる目安として，30秒早回しを経験させます。

ねらい

　単に回旋スピードを上げるのではなく，30秒間で70回〜80回という明確な目標値へ向けて，改めて跳び方・縄の回し方を確認し，二重回しに挑戦します。

活動概要（身につけさせたい力）

　二重回しに必要な技能である30秒早回しで70回〜80回跳ぶことを身につけさせます。「ビュン・ビュン！」と回旋速度を上げるために，脇を締め，手首を細かく回すことに焦点を絞って学習します。

授業の流れ

❶数え方は大丈夫？〜みんなで確認！〜（5分）

　なわとびは，手首を中心に，膝でリズムをとりながらつま先で着地ができるようにしなければいけません。そこで，子どもたちには新たな跳び方「二重回し」に挑戦してもらいます。そのための秘訣は「早回し」の習得です。30秒間で70回〜80回跳ぶ練習をします。まずは，ペアで正確に数える練習を一緒に行います。

　跳んでいる回数がわかるように10回ごとに指で示します。

❷ビュンビュン回し！縄の音をよく聞いて！（15分）

　二重回しは，単に回旋スピードを上げるだけでは跳べません。縄が地面に着く前あたりで，回旋スピード上げる感覚を大事にします。「ビュン！ビュン！」という感じで強弱をつけて表現するとわかりやすいかもしれません。

できるようになった子は褒める！

跳ぶ姿勢や縄回しの上手な子は，目標回数をクリアしていきます。そこで，「縄を『ビュンビュン！』と強く回してごらん！」と伝えます。すると「あっ！　二重回しだ！　知ってる！」という声がします。あとは，目標に向かって努力していく子を褒めていきます。

初心を忘れない！
はじめに戻る！

早回しをすると，前回しのポイントを忘れがちになります。跳んでいる子には，正しい跳び方をもう一度確認します。「手首で回していますか？」「バタバタ跳んでいない？」など声かけをしながら，全員の跳び方を確認します。「まずは１回！」を合言葉に「できた！」の声を広げたいです！

こんな場合，どうする？

Q：どうしても，二重回しができない子にはどうすればよいですか？

A：縄を使わずに，１回のジャンプで手を２回叩いたり，太ももを２回手で叩いたりさせることも効果的です。また，脇回旋の練習と同じように，もう一度片手で縄を持ち，回す練習をさせたり，高いところからジャンプをして着地するまでに２回縄を回す感覚を体感させたりします。

準備物 短縄，「なわとび de ビンゴ！」の用紙

「なわとび de ビンゴ！」に挑戦しよう！（短縄）

なわとびを学習してきた単元の終末に行うもので，なわとびの種目（技）の習熟度を自ら知る機会とします。少しずつ提示する課題を難しくして，挑戦したいという意欲をさらに育み，休み時間にも取り組むきっかけとします。

ねらい

この「なわとび de ビンゴ！」は，今まで学習してきたなわとびの成果を可視化するために行います。また，達成感を味わいながら，主体的にそして前向きに取り組むことができます。

活動概要（身につけさせたい力）

互いにできる技を申告し，見合うことで「できたね！　すごい！」や「もう少しだったね！」「ここをこうすればできるよ！」などと対話が生まれます。技能の向上とともに，対話も大事にします。

授業の流れ

❶第一弾「なわとび de ビンゴ！」（10分）

第一弾は，学級の状況に合わせ，3つ程度課題を提示し，残りの枠は自分で記入させます。子どもたちがどんな技を記入するか見て回り，クラス全体に共有します。

なわとび de ビンゴ		
	うしろまわし	
あやとび まえ		
		まえまわし

もちろん，難しい技へ挑戦する子もいますが，一人ひとりの実態に合わせ，「30秒早回し（50回）などでも OK！」

としています。大事なことは，「できた！」という成功体験の実感回数を増やし

てあげることと，互いに認め合い，高め合わせることです。

❷第二弾「なわとび de ビンゴ！」に挑戦しよう！（15分）

なわとびの学習の総まとめの時間に，新たな「なわとび de ビンゴ！」の用紙を配ります。2人1組で互いの取り組みを見合いながら，合格した種目（技）には○をつけて，縦・横・ななめがそろったら「ビンゴ！」です。

＊合格回数は，子どもたちと決定します。

かけあしとび まえ	うしろまわし	あやとび まえ
こうさとび まえ		二じゅう まわし
あやとび うしろ	かけあしとび うしろ	まえまわし

先生からの挑戦状！

この「なわとび de ビンゴ！」では，今まで学習してきた全種目（技）を提示します。「できるかな？」という声よりも「できそう！」という声が聞こえます。子どもからは，「何回できれば○ですか？」という声が聞こえます。「10回できたら○かな？」と伝えると，ペアで楽しく活動する姿が見られます。

こんな場合，どうする？

Q：できる種目が少ない子への配慮はどうすればよいですか？

A：何も書いていない用紙を準備しておきます。できる種目を確認しながら用紙に書き込みます。「できた！」ことをきっかけに，「やりたい！」「できるかも！」という気持ちを少しでも持てるようなやり取りを心がけます。

13 　準備物 長縄

大波小波から郵便屋さん（長縄）

　長縄は，仲間意識を高めるには大変よい教材です。1年生は視野が広いわけではなく，自己中心的な考え方の子が多く見られます。友だちに声をかけたり，教師が一緒に跳んだり，一体感を味わえることがこの運動のよさです。

ねらい

　授業で長縄を扱うと，休み時間にも取り組む子が多くなります（運動の日常化）。再現しやすい教材として，簡単な大波小波から始め，郵便屋さんへと進みます。

活動概要（身につけさせたい力）

　操作の難しい長縄を，歌を歌いながら回すことができるようにします。肩を中心に，膝でリズムをとりながら回すことを身につけます。

授業の流れ

❶この歌知っている？大波小波〜縄を回しながら歌う〜（10分）

　長縄の学習のはじめの一歩は，「縄回し」から始めます。これまでに，短縄の回旋動作の学習で，体の前で縄を回す活動を経験済みです。肩を中心に大きく回すことは，大波小波の後半部分はできます。しかし，縄を左右に揺らすように（子どもたちには，「ゾウさんの鼻のようにゆ〜ら，ゆらと」と伝えて）指導します。この時，「おー！なみ！こーなみ……」と歌いながら取り組み，縄を揺らすスピードを調整します。

❷大波小波ができたら郵便屋さんへステップアップ！（15分）

　大波小波でも郵便屋さんでも，縄の回し手と跳び役の両方をバランスよく経験させたいです。大波小波で「ぐるっと回ってねーこの目！」までできたら，合格！　クラス全員ができたら，郵便屋さんへステップアップします。郵便屋さんは，10回跳ぶことを目指して練習します！

上手な回し手を育てよう！
大波小波は，跳ぶ子の技能も大切ですが，上手な回し手を育てることも重要です。歌を歌いながら縄を操作するスピードを調整し，跳んでいる子の姿をよく見ながら縄を操作することができるようにします。1人でも多くの縄回し名人を育てましょう！

上手なグループは発表！
郵便屋さんが上手にできたグループには，みんなの前で発表をしてもらいます。そして，よいところを共有します。回し手の縄の回し方や，跳び手は縄をよく見ながら跳んでいることが発表からわかると，学び方が変わります。

こんな場合，どうする？

Q：大波小波や郵便屋さんで跳べない子にはどのような手立てをしたらよいでしょうか？

A：跳びやすい縄で跳ばせることが，一番の手立てです。教師が回し手になり，縄をゆっくり大きく揺れるようにします。もう一方の回し手役も教師と回すことで実感できるので，一石二鳥です。

14 準備物 長縄

跳ばなくても大丈夫！通り抜け（長縄）

　大波小波と郵便屋さんは，はじめから縄の中に入っている状況で始まります。次のステップは，回っている縄に入ることです。縄を回す子と縄に入る子どもに必要な技能を身につけ，グループのメンバーとの一体感を味わわせます。

ねらい

　回し手は，跳び手に一番近い場所にいるので，グループの仲間と口伴奏（合言葉）「１・２の３で入る！」をしながら，縄に入るタイミングを掴むことを学びながら実感します。

活動概要（身につけさせたい力）

　「１・２の３で入る！」という口伴奏を唱えながら，上から下りてくる縄に入り，そのまま通り抜けます。同時に複数のことを行うことが必要となる力を身につけます。また，回し手と跳び手をバランスよく経験させて技能を身につけさせます。

授業の流れ

❶「１・２の３で入る！」を確認する（10分）

　通り抜けのコツは，待機場所を縄から遠くしないこと。そして，縄が地面（床）についたらスタートします。初めての経験の子どもたちは，恐怖感からなかなかスタートできません。そこで，「１・２の３で入る！」の口伴奏で雰囲気を盛り上げます。

❷「通り抜け」に挑戦しよう！〜何人通り抜けられるかな？〜（15分）

　回っている縄に入り，止まらずに走り抜けることが最大の目標である「通り抜け」ですが，次の目標は「何人通り抜けられるか？」です。もちろん，連続で通り抜けられることが理想ですが，まずは制限時間内に何人通り抜けられるかを目標にしてチャレンジします。

回し手は目印となる場所で！
写真でもわかるように，縄を回す子は校庭や体育館の線に立ちます。すると，自然と縄も線上を通ります。通り抜けるタイミングは地面に縄がついた時です。そして，回し手が「1・2の3で入る！」の口伴奏を言い，入るタイミングを掴みやすくします。

**回し手と跳び手は
バランスよく経験しよう！**
いつも同じ子が回し手をするのではなく，交代制にすることを約束します。グループ内でも，回し手と跳び手をバランスよく経験することが，大切です。

こんな場合，どうする？

Q：怖がってしまい，縄に入れない（通り抜けることができない）子はどのようにすれば縄に入れますか？

A：縄が上からきて，縄にあたるかもしれないことが怖さの原因です。この恐怖感をなくすには，縄に入るタイミングがわかることです。そのためには，教師が手をつなぎ何度も繰り返し一緒に入ってあげることです。

15 準備物 長縄

０字跳びから８の字跳びへ （長縄）

1年生の最終目標は，「8の字跳び」です。その前段階として，「0字跳び」があります。これまで，様々な長縄を挑戦してきた仲間との最後の種目となります。一体感をさらに味わえるので跳んだ回数を目標として取り組みます。

ねらい

グループの仲間とさらに一体感を深めるために，跳んだ回数の記録更新へ向けて，縄に入るタイミングや回し手の回し方などを確認しながら取り組みます。

活動概要（身につけさせたい力）

縄の動き（上から下りてくる縄）をよく見て，縄の真ん中で跳ぶことができるようにします。続けて跳ぶために跳んだ後の自分の動き（グループの最後尾へ行く）も含めて，学びます。

授業の流れ

❶０字跳びからスタート！～止まってジャンプ！抜ける！～（10分）

これまでは，縄を跳ばすに通り抜けていましたが，０字跳びでは止まってジャンプし，抜けるという難度の高いものに挑戦します。止まる場所は，同じように目印となるラインとし，そこでジャンプしてから抜けることを伝えます。「入って！　跳んで！　抜ける！」と同じように口伴奏も言います。

❷最終目標「8の字跳び」に挑戦しよう！ (15分)

　最終目標の8の字跳びは，動きが複雑です。その部分は事前に黒板（ホワイトボード）などで確認しておきます。縄に入るタイミングや縄から抜ける場所などは，今までの長縄の学習と同じです。繰り返し経験させましょう。

回し手の方へ
通り抜けてごらん！

8の字跳びのコツは，回っている縄の真ん中で跳ぶことと，まっすぐ走り抜けることです（写真の中にある矢印の方向へ走り抜ける）。声かけのポイントは「回し手の人の一番近くを通ってごらん！」です。また，通り抜ける方向に，教師が立ち，「ここに来てごらん！」でもOK！

回し手と跳び手の
息ぴったりが一番！

写真のように，縄の回し手が跳び手のことを見てあげて縄の回すタイミングを掴みやすくすることができれば最高です！長縄の上達の最大のポイントとなるのは，上手な回し手を多くすることです。

こんな場合，どうする？

Q：空回し（なかなか縄に入れないため）が多くなってしまう子にはどのような言葉がけや指導が効果的ですか？

A：声かけとしては，「入る！　入る！」と入るタイミングが掴めるものがいいと思います。それでもタイミングを掴めない場合には，縄に入るタイミングになったら背中を押してあげることです。少し強引かもしれませんが，縄に入れれば後は大丈夫です。

column

朝の会

1年生の授業で 心がけておきたいこと ・準備しておくこと

　1年生の子どもたちにとって，小学校での授業で学ぶことは初めてのことがほとんどです。したがって，ドキドキ！ワクワク！感を大事にします。

　「どんな運動するのかな？」「初めてする運動だったらどうしよう！」など一人ひとりの思いは十人十色。その思いをしっかりと受け止め，応えてあげることが大切です。

　そのためには，教材提示の仕方を熟慮しておくことが必要です。一方的な教師の思いだけで運動させるのではなく，これから始まる授業内で少しでも多くの達成感と満足感を得る経験をさせてあげるために階段を一歩ずつのぼるようにすることが，1年生の授業では大事であると考えます。

　準備しておくものとして，補助簿・リズム太鼓・ストップウォッチ・ホワイトボード（ペン）など，多くありますが，1つにまとめておくことが大事。意外と持っておくとよいものとしては，「絆創膏」「ティッシュ」があります。「これ使っていいよ！」とさっと子どもに差し出すと，安心するだけではなく，すぐに授業に復活できます。

　子どもたちの楽しさ・安心感・達成感を第一に考えた授業づくりを！

運動・教材の捉え方（低学年）

「嫌だな〜！」「怖い！」「痛そう！」　　怖い　教材　不安　「この運動は身につけさせたい！」「できるだろう！」　教師

痛み

子ども

「楽しそう！」「できるかも！」「やってみよう！」　感覚　教材　「この運動から始めてみない？」「みんなでやってみよう！」　教師

子ども

第2章

器械・器具を使っての運動遊び

16 準備物 ストップウォッチ

ジャングルジム鬼ごっこ

　4月の授業で行います。鉄棒，登り棒など固定遊具の取り扱いの説明と同時に行いたい教材です。単に登る（上下の移動）だけではなく，横移動やくぐる動き，回転する動きなどにも取り組ませることで，多様な動きが身につきます。

ねらい

　普段何気なく使っているジャングルジムで，楽しく多様な動きを身につけます。

活動概要（身につけさせたい力）

　日常では行わない動きを意図的に経験させ，多様な動き（手足を使った動き，くぐる動きなど）を身につけます。

授業の流れ

❶どこまで登れる？ジャングルジム登りをしよう！（10分）

　はじめは，「どこまで登れるか！」にチャレンジします。上り下りの動作を確認します。高さに恐怖感を持つ子がいる場合には，１段ずつ目標を設定して，前回よりも上に登れた時には褒めるようにします。慣れてきたら，「誰が一番速いかな？」や「チーム対抗上り下りリレー」など，ゲーム性のある活動を取り入れてみましょう。

❷忍者になろう！横移動や中移動できるかな？（5分）

　ジャングルジムは，上り下りするだけではなく，忍者

のように横移動や中移動もできると，活動の幅（遊びの幅）が広がります。

　手足の動きが複雑になってきますが，「忍者のように横移動！」として横移動が素早くできるようにたくさん経験させると子どもたちの活動量も増えていきます。

❸最後まで逃げられるのは誰だ！ジャングルジム鬼ごっこ（5分）

　経験した動きを生かす時間として，「鬼ごっこ」を行います。学習を進めていくなかで，休み時間にも子どもたちが一緒に取り組める活動を紹介することで，休み時間の遊びも変わり，多様な動きが身につく近道となります。

スタート地点を決めて！
初めての鬼ごっこ。人数は少なく，鬼はグループの中の1人。鬼のスタート地点は，いろいろな場所からだと楽しさ倍増！

班の中で鬼ごっこ！
時間を決めて鬼ごっこをします。今まで学んだことを使い，鬼にタッチされても終わりではなく，もう一度スタート地点に戻り，続けて取り組ませます。

こんな場合，どうする？

Q：高いところが嫌いな子，怖がる子はどうすればよいでしょうか？

A：まずは低い場所で上り下りの練習から始めます。その時，一緒に登ってあげたり，友だちと一緒に登らせたりと同じ目線で取り組むことが大切です。また，少しでも高く登れるようになった時には，即時評価（その場での具体的な声かけ：「昨日よりも一段高く登れたね！　すごい！」）が重要です。

17 **準備物** ホワイトボードか黒板, ストップウォッチ

どこまで登れる？登り棒にチャレンジ

　4月の授業で行います。校庭にある固定遊具の使い方の指導と同時に行います。多くの運動感覚を養える非常に有効な遊びです。また，休み時間にも取り組みやすく，子どもたちは目標達成へ向け楽しく取り組みます。

ねらい

　校庭にある固定遊具の安全な使い方を覚えるとともに，運動感覚（全力を出す：体の締め・力の入れ方）を養います。

活動概要（身につけさせたい力）

　目標へ向かって全力を出すことで「できた！」を実感します。友だちが取り組む姿を見て，応援したり，自分の運動の参考にしたりします。

授業の流れ

❶はじめは「コアラ」でいいよ！（5分）

　登り棒を登るという経験は，幼稚園で経験している子もいればそうでない子もいます。まずは，5秒間「コアラ」のように登り棒に抱きつくようにした状態でいられるか挑戦してみます。いきなり登らせるよりも，どこにどのような力を入れると登りやすいかを経験させることから始めます。

❷よく見てみよう！コツは？（5分）

　「コアラ」ではなく，スイスイと登れる子がクラスの中には何人かいます。そのような子をお手本にしたり，インタビューをしてみたりします。この時間が終わると，休み時間には，お手本となりたくて練習する子が増えてきます。インタビューには，「たくさん練習しました」や「お家の人にコツを教えてもらいました」など上達のヒントがたくさんあります。

❸登ってみよう！（10分）

　登り棒を登る時は，細かなルールを決めずにたくさん登らせる機会を設定することが大事です。

> **伸びを実感できる
> 声かけを！**
> 「前回よりも高いところまで登れたね！」
> 「あと少しでてっぺんだよ！」
> と具体的に褒めてあげましょう！

> **登れた子にはご褒美！**
> 「やった！てっぺんだ！」
> 登れた子は，帽子の色を赤に変えて，クラスで何人登れたかを可視化すると，クラス全体の意欲が高まります。前回登れた子の人数を黒板やホワイトボードに記録して，クラスの伸びを可視化することもおすすめです。

こんな場合，どうする？

Q：どうしても，うまく登れない子はどうすればよいでしょうか？

A：教師の手のひらに，子どもの足を乗せて押し上げてあげることで，登っている感覚が掴めます。あとは，休み時間に一緒に登る経験（機会）を多くすることです。「明日の朝の時間に，登り棒で待ち合わせね！」と言ってうまく登れそうな子はもちろん，もう少しで登れそうな子にも声をかけてみることが大切です。

18 [準備物] マット

ぐるぐる回ろう！丸太転がり

マット運動で回転系の運動の入門編として行います。1年生では，逆さ感覚と腕支持感覚，回転感覚を中心に経験させます。回転だと前後の回転の経験はありますが，今回は横向きに転がるという非日常の経験を積ませます。

ねらい

見た目には「簡単そう！」ですが，実際に取り組むと難しく再現が困難な技なので，達成感を多く味わわせます。

活動概要（身につけさせたい力）

回転する際に，体の力を調整することを体感させます。どこに力を入れるとうまく回転できるか，思考させる（考えさせる）ことも大切にします。

授業の流れ

❶コロコロ転がろう！～1人丸太転がりに挑戦！～（5分）

マット運動の回転系の運動のはじめの一歩です。まずは先生がお手本を見せます。「みなさんも丸太のように，コロコロ転がれる？」と投げかけると，口を揃えて，「簡単だよ！」「できる！　できる！」と返ってきます。

いざ，取り組んでみると体の力の調整が難しく，まっすぐ進まない子が多く見られます。「おかしいな！　でも楽しい！」。何度か挑戦するうちに，上手に回れるようになります。

❷2人で丸太転がりはできるかな？〜息を合わせてコロコロコロ！〜（5分）

「2人で丸太転がりはできるかな？」と投げかけると，「楽しそう！」「やってみたい！」という声が上がります。息を合わせて，1人の丸太転がりで学習した体の力の入れどころをお互いに確認しながら取り組みます。

> **声をかけ合いスタート！**
> 2人組でのシンクロ丸太転がりです。上手く転がれたら，楽しさも倍増します！ そして，「違う人とも挑戦したい！」と1つの技をきっかけに，友だちとの関わりも深まります。

> **振り返りも大切に！**
> 「やった！ できた！」で終わりではなく，どんな感じだったか，「ここが難しかった！」という自分の身のこなしについての振り返りが大切です。お互いの感覚の違いを共有する場面を意図的につくることも1年生のうちから大切にしたいです。

こんな場合，どうする？

Q：どうしても，上手に回れません。どのような補助をすればよいですか？

A：簡単な補助の仕方は，背中と太腿のあたりを押してあげることです。補助（お手伝い）の仕方も教えると，「みんなでできた！」という一体感も生まれるので，できる補助を少しずつ教えることも効果的です。

19 準備物 マット

小さなゆりかご！大きなゆりかご！

「ゆりかご」は，後ろに転がる運動です。体を丸めて転がり，起き上がる動作は，これから行う「前転」「後転」の動きにつながります。実際に前転や後転を行わなくても，その運動につながる運動を行うことで感覚を育むことが大事です。

ねらい

前方と後方への回転感覚を高めながら，次の技（前転・後転）へつながる動きを経験させます。

活動概要（身につけさせたい力）

前後に転がる感覚を養うための運動です。また，膝を胸に引き寄せ，体を丸くし勢いをつけて起き上がる動作へつながる動きを身につけます。

授業の流れ

❶カラーマット（小マット）で十分！〜１人分のマットはカラーマットが最適〜（5分）

大きなマットを使用するには，マットを運ばなければいけません。そこで，カラーマットを使用するのが，大変効果的です。長さは120cm，幅は60cmでとても軽く，２人で簡単に運べるので，１年生のマット運動の入門期の簡単な運動には最適です。

このマットよいところは，手軽なだけではなく，○が３つ書いてあるので，今回のゆりかごでは，「一番手前の○に腰を下ろしてください」と指示を出すこともできます。

❷小さなゆりかご！大きなゆりかご！（5分）

　はじめは足を頭の上まで持ってきて（膝を引き寄せる），後ろに転がります。次に膝と胸を広くあけ起き上がるように回ります。「小さなゆりかご」ができたら，後転を意識した「大きなゆりかご」へステップアップします。その際は，（着手した手の）指には力を入れることを伝え，お尻にかかとを引きつけ立ち上がります。

腰→背骨→首の順でマットについたかな？

前後にゆれる動作は初めてなので，ゆっくりゴロン！ゴロ〜ン！と転がることを経験させます。後ろへ転がる時に，腰→背骨→首の順でマットにつくことを，ペアの子に見てもらい，OKサインで合格！

体を起こせるかな？

上の写真の「小さなゆりかご」ができるようになったら，「大きなゆりかご」へ。最後は，お尻にかかとを引きつけ起き上がることができれば合格です！　決めのポーズまでできれば完璧です！

こんな場合，どうする？

Q：体を起こせない子は，どうすれば起き上がれるようになりますか？

A：起き上がる時に，向かい合ったペアの友だちと手のひら同士で「タッチ」するように課題を与えると，自然と勢いをつけて起き上がろうとします。

20 準備物 マット

「つ」→「く」から「1」を目指そう！

1人ではできないことでも，ペアの人や先生のお手伝い（補助）があればできるという経験を増やしていくことはとても大切です。また，取り組んでいる技が何か他の技とのつながりがあることにも気づかせます。

ねらい

「つ」「く」「1」それぞれの形を体で表現することで，最終的に背支持倒立ができ，その先の運動につながったり，他の技の途中の動作であったりと，いずれも大切な姿勢であることを理解させます。

活動概要（身につけさせたい力）

背支示倒立を段階的に指導する過程で，①腰を持ち上げて保持する。②お腹の辺りに力を入れて保持する（体幹の締めの感覚）。③腰の位置を高くし保持する。以上3つの段階でそれぞれ違う部分に力を入れる感覚を知ります。

授業の流れ

❶「つ」って何？（7分）

腕と手のひらを腰に当て，体を支えます。膝が顔の前あたりまでくる姿勢をつくります。横から見ると，ひらがなの「つ」に見えます。

腰を持ち上げ，保持する時にどこに力を入れるか体感させます。

❷じゃあ「く」は簡単？（8分）

「じゃあそこから，『く』のようになる？」と聞くと，足だけを上げるのではなく，腰の位置を高くしようとする子が出てきます。「今どこに力が入っ

ている？」と聞くと，「お腹！　おへそ！」と答える子が多くいます。少しずつ力の入れどころがわかってきた段階です。

❸最後の「1」はお手伝いありでもOK！（10分）

　最後は，数字の「1」を表現します。さらに腰の位置を高くし，おへそを前に出す感じになります。

> **ここに力を入れてごらん！**
> お腹のあたりに力を入れると体が安定します。実際に，動きが止まったら，「力が入ったでしょう！　完璧です！」と褒めてあげます。

> **天井に足裏かつま先が着くぐらい伸ばして！**
> さらに腰の位置が高くなると，姿勢を保持することが困難になります。おへそを前に出すように伝えますが，なかなか難しいので，ここは補助（お手伝い）があってもよいと思います。

こんな場合，どうする？

Q：力の入れどころがわからない子には，どうすればよいですか？

A：実際に力を入れるところに手を当てて，「ここだよ！」「ここに力を入れてごらん！」と教えることが一番です。また，体を保持することが難しい場合には，お手伝い（補助）の人が支えてあげることもOKです。

21 準備物 マット

よじ！よじ！よじ！よじ！よじのぼり！

　自分の体を腕で支える本格的な運動の入門編です。しかし，「できそう！」「できるかも」と思える教材なので，みんなが前向きに取り組みます。口伴奏を唱えることで，さらに雰囲気を盛り上げながら取り組めます。

ねらい

　逆さの体勢を保持するために，いくつかのポイントを押さえますが，自分自身ではなかなか確認できないので，グループのメンバーと確認し合いながら取り組ませます。

活動概要（身につけさせたい力）

　腕支持感覚を高めることを，第一の目標としていきます。体を1本の棒のようにし，10秒間逆さの状態を保持できるようにします。

授業の流れ

❶口伴奏を覚えよう！（10分）

　口伴奏を唱えながら，一斉に取り組むことで，一人ひとりの姿を見取りやすくなります。①手をついて，②よじ！よじ！よじ！よじ！よじのぼり！，③1・2・3・4・5〜〜10！

　特に②の「よじ！よじ！よじ！よじ！」のところを中心にしっかり観察し，サポートしてあげればほぼ全員ができるようになります。

❷「よじのぼり」のポイントを再確認してみんなで挑戦！（5分）

　腕支持の感覚を高めるポイントは，手と手の間をしっかりと見ることです。顎が上がると，自然に体は反ってしまいます。また手と手の間を見ることで力が入りやすくなることを確認した上で行うようにします。

> **手ぶみに挑戦！**
> よじのぼりが定着してきたら，手ぶみ（その場で交互に手を離します）に挑戦します。写真のように，軽く足を開きバランスをとりやすくします。「右・左・右・左！」と少しずつ数を増やしていきます。利き手（力を入れやすい手）があるので，片方だけでもOK！

> **クラスの目標達成！**
> よじのぼり逆立ちは回数を重ねるごとに上達するのが，手にとるようにわかります。取り組む前に，「今日の合格者は何人にする？」と聞いて，「○人！」と約束します。全員が終わった時に，できた人数を数え，目標達成の時は，全員で「バンザ〜イ！」の儀式で一体感を高めます。

こんな場合，どうする？

Q：よじのぼれない子へのお手伝い（補助）はどのようにしますか？

A：はじめから全てのお手伝い（補助）をするのではなく，どこでお手伝いが必要か運動している様子を見てあげ，足の動きに合わせて，足首のあたりを持ってあげると，よじのぼりができるようになります。

22 準備物 マット

何回回れる？よじのぼりぐるぐる

運動感覚は，繰り返し取り組むことで身につくものであり，低学年の子どもたちの体が軽いという特性を生かして，様々な技を経験させておきたいです。「よじのぼりぐるぐる」もいきなりできる動きではないので，回数を積み重ねてから取り組みます。

ねらい

体に染み込ませるように，短時間でも繰り返し取り組み，様々な運動と向き合える運動感覚を養うために行います。

活動概要（身につけさせたい力）

逆さ感覚，腕支持感覚を中心に，倒立へつながる感覚を養います。楽しみながら取り組み，感覚を高めていきます。

授業の流れ

❶いつも通り「よじのぼり逆立ち」から始めよう！（10分）

十分に間隔をとれる壁を使って行います。口伴奏を唱えながら，一斉に取り組みます。①手をついて，②よじ！よじ！よじ！よじ！よじのぼり！，③1・2・3・4・5〜〜10！

以上のように，10秒間逆さの姿勢を保持します。いきなり逆立ちをすることは不可能ですが，よじのぼりはみんなができる教材の一つです！

❷「よじのぼり」アレンジバージョン～よじのぼりぐるぐる～ （5分）

　体が軽いとはいえ，腕の力が備わっていない子どもが多いので，経験値を高めていきます。「よじのぼりぐるぐる」はよじのぼりをしている友だちと壁の間の隙間をくぐって回ります。全員3周回れれば目標達成！　合格です。

つま先を壁につける！
おへそに力を入れる！
回数を積み重ねていくうちに，綺麗なよじのぼりができる子が増えてきます。押さえておきたいポイントは，①つま先を壁につける，②おへそに力を入れる。この2点です。10秒間保持できるようになったら，片手にも挑戦します。

10秒よりも長い！
これまでは10秒間で合格していた子どもたちなら，3周ぐるぐるも大丈夫です。手と手の間を見ずに，回っている人を見てしまうことがあるのでよじのぼりをしている人は，手と手の間を見ることを約束にします！

こんな場合，どうする？

Q：腕の力がない子はどうすればよいでしょうか？

A：写真にもありますが，マットの縫い目を目安にして，「今日は何本目でよじのぼりを挑戦してみよう！」と目標値を示して，達成感を味わえるようにすれば少しずつ腕の力もついていきます。

23 準備物 マット

「できた！」がいっぱい聞こえるだんごむし逆立ち

逆立ちは，非日常的な感覚であり，子どもたちにとっては不思議で楽しい感覚です。だからこそ，「できた！」をたくさん味わわせたい教材です。しかも，頭と両手の3点で行うため，安定感はバッチリです。

ねらい

よじのぼり逆立ちや，鉄棒でのだんごむしのように，腕の力を必要としないために，誰もができる教材です。「できた！」を共有して，マット運動を楽しむ気持ちを育みます。

活動概要（身につけさせたい力）

頭と両手の3点で三角をつくって逆さになり，体を縮ませた状態を保持する感覚を養います。長い時間逆さになることを求めるのではなく，5秒間程度で十分です。

授業の流れ

❶慌てない！慌てない！ゆっくりと取り組む！（10分）

頭と両手で3点で三角をつくることを重要ポイントとしていますが，1年生はいざ取り組んでみると，バタバタと慌ててしまい，いつの間にか三角ができていないことが多くあります。まずは口伴奏で一つひとつの動作をゆっくりと取り組ませます。

❷口伴奏を効果的に使ってみよう！（10分）

　段階的に指導することが１年生には効果的です。だんごむし逆立ちでは，口伴奏が最も効果的です。①手をついて！，②頭，三角！，③お尻をあげて！，④背中をつけて！，⑤ゆっくりと〜〜〜〜！と順番に唱えていくとできる子が増えていきます。

三角は大丈夫？
頭と両手をついた時に，三角形がつくれているか，ペアの子に確認してもらうとよいです。自分では三角にしているつもりでも，できていないこともあります。「三角できているよ！」「OK！」などと声をかけることで，「みんなでできた！」雰囲気が高まります。

頭のどこをつける？
子どもたちには，頭のつき方も事前に指導しておきます。頭のてっぺんで行うイメージをしている場合がありますが，そうではなく，「髪の毛の生え際あたりをマットにつけてごらん！」と伝えることで，より安定した姿勢をつくれます。

こんな場合，どうする？

Q：体を縮めて逆さになれない子はどうすればよいでしょうか？

A：どうしても安定しない時には，「膝を胸につけるようにしてゆっくりジャンプしてみたら？」と伝えます。実際に，補助（お手伝い）は背中と脛のあたりを持ってあげるとより安定します。

準備物 マット

5＋5＋5はできるかな？ （頭つき逆立ち）

　だんごむし逆立ちまではできるようになった子は，次の段階へ進みます。そこから足を伸ばした状態にして，5秒間そのままの体勢を保持します。足を上げることで，少し難度が上がりますが，比較的保持しやすい教材です。

ねらい

　足を伸ばしてバランスをとる感覚を味わわせるために，グループのメンバーにお手伝い（補助）をしてもらって感覚を養います。少しずつ補助の手を離す時間を早くし，自立する時間を伸ばします。

活動概要（身につけさせたい力）

　逆立ちをする本人のバランス（調整力）も身につけさせたいですが，グループのメンバーのお手伝いの仕方をここでは大切にしたいです。互いに補助してほしい場面を確認し，「みんなでできた！」ことを体感させます。

授業の流れ

❶いつどこで？～お手伝いが必要なのはどこ？～ （10分）

　だんごむし逆立ちまでは，1人で行うことを目標にします（もちろんお手伝いをしてもらってもOK！）。その前に，自己申告制で「お手伝いが必要です！」とメンバー同士で確認します。「どこの場面？」や「いつお手伝いしてほしいの？」と，自分のできない（不安な）場面を伝えることで，どのようなお手伝いが必要かをメンバー全員で確認します。

＊お手伝いをしてもらって感覚を養うことから始めているので，「できる」までの過程を，メンバー全員で共有することができる，大変有効な教材です。

❷お手伝いの仕方は？（10分）

　足を伸ばす時のお手伝いでは，逆立ちをしている子の両側に立ち（2人か1人），腰と足を持つことでバランスをとりやすくしてあげます。

この体勢までは1人で！
この体勢までを1人でできるように，だんごむし逆立ちの練習を積み重ねてきました。一番のつまずきは，壁に向かってのジャンプ（蹴り上げ）の部分です。ここでは，膝裏を支え，壁まで持ち上げることを教えておくと，できる子が多くなります。

壁なしにも挑戦！
壁を使っての頭つき逆立ちができるようになったら，壁から離れて挑戦してみます。片足ずつ寄りかかった状態から離してバランスをとります（もちろんお手伝いをしてもらっても OK！）。お腹に力を入れることも忘れずに！

こんな場合，どうする？

Q：お手伝いがあっても，できればよいのでしょうか？

A：はじめから1人でできる子は少ないです。お手伝いがある安心感があるなかで，取り組むことができ，かつ成功体験が実感できるのは大切なことです。

25 準備物 鉄棒の下に敷くマット

ナマケモノ？ぶたの丸焼き？

　幼稚園や保育園の時期に，鉄棒遊びをしたことのある子は，経験があるかもしれない遊びの1つでもある「ぶたの丸焼き」です。「ナマケモノ」もいることを知らせ，楽しく鉄棒に触れる機会とします。

ねらい

　鉄棒の経験値の差は大きいです。全く経験していない子もいるので，安全第一で楽しんで感覚を養うことを大切にしながら活動します。

活動概要（身につけさせたい力）

　鉄棒にぶら下がる力，体幹に力を入れてギュッと締める感覚を中心に養います。体幹の締め感覚が弱い子が多いので，数多く経験を積ませます。

授業の流れ

❶鉄棒の注意点！〜これだけは守りましょう！〜（5分）
　経験値の差が大きな鉄棒運動を行う前に，全員に鉄棒の注意点について確認をします。確認することは3点。

　1つ目は，鉄棒の握り方です。親指を鉄棒にかけることを徹底します。この握り方でないと力が入りません。

　2つ目は，回転する時に鉄棒を持ち替えないこと。握り方がしっかりとしてい

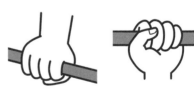

れば，持ち替えることはありませんが，何度も握り替えないことを伝えていきます。

　最後は，下りる時には「バタン！バタン！」と下りずに，静かに下りることを約束にします。

❷ナマケモノ？ぶたの丸焼き？どっち？（5分）

　ナマケモノもぶたの丸焼きも，鉄棒にぶら下がることを目的とした教材です。はじめは5秒間ぶら下がれれば合格。その後，徐々に時間を伸ばしていきます。ナマケモノは，腕を伸ばしたままで行い，ぶたの丸焼きは腕を曲げて，鉄棒にしがみつくようにします。

足をかけられるか？
ナマケモノ・ぶたの丸焼きともに，片足ずつ鉄棒に足をかけることができるかがポイントとなります。お尻を持ち上げて，鉄棒に足をかけられるように，引きつける力を養います。できない時には，お手伝いしてあげます。

引きつけられるか？
ナマケモノからお腹に力を入れて，肘を曲げギュッと引きつけるようにします。「すごい！　鉄棒に顔が近いね！」「顔が見えるぐらい引きつけられていますね！」と具体的に褒めてあげます。

こんな場合，どうする？

Q：引きつける力がない子は，どうすればよいでしょうか？

A：ナマケモノからぶたの丸焼きへ移れない子は，背中と膝裏あたりを持ち，少し持ち上げてあげるといいと思います。持ち上げる力が少しずつ軽くなった時には，「力が入るようになってきたね！」と伝えてあげましょう。

26 準備物 鉄棒の下に敷くマット

トン！と乗って　つま先までピン！（つばめ）

鉄棒は回ったり，ぶら下がったりというイメージがありますが，跳び上がり，腰の位置に鉄棒がきている姿勢から始まる技も多いです。まずは，鉄棒に跳び上がって目線が高くなることの楽しさを経験させることから始めます。

ねらい

自分の身長に合った鉄棒を選び，跳び上がり鉄棒の上で体を支えられるようにします。正しい位置で行うことで痛みや怖さがないことを経験させます。

活動概要（身につけさせたい力）

鉄棒を腰の位置につけた状態で，腕支持の姿勢を保持できる力を養います。跳び上がり→肘を伸ばした腕支持→つま先までピンと伸ばした姿勢で体を支えられるようにします。

授業の流れ

❶自分の身長に合った鉄棒選びの目安は？（2分）

鉄棒を楽しく取り組むためには，「痛くない」「怖くない」ことと，「自分に合った鉄棒の高さを選ぶこと」が大切です。自分の身長に合ったものを選ぶことができれば，それだけでも安心感を与えることができます。胸の高さにある鉄棒を高さの目安にするといいです。

その他には，鉄棒の下にはマットがあることや，必要に応じて補助具を使って，痛みや怖さを取り払ってあげられるように，事前に環境を整えることも大切です。

❷ピン！ピン！ピン！を約束しよう！（10分）

　鉄棒に跳び上がった後の姿勢の約束は，事前にしておきます。

　「つばめは，３か所の『ピン！』が約束ね！」。先生が見本に「ピン！」の３か所を具体的に示し，きれいな姿を見せて視覚的に理解を深めます。

> **ピン！ピン！ピン！**
> 跳び上がった後は，「ピン！ピン！ピン！」と声かけをします。３か所ピンと伸ばすことを約束します。肘・体・つま先の３か所です。全て「ピン！」となったら合格です！

> **下り方は？**
> 下り方は，いくつか提示しておきます。「これでなければいけない！」ことはありません。学習を進めていくなかで，できることを増やしていければよいと思います。

こんな場合，どうする？

Q：鉄棒の経験が少ない子には，どのような配慮が必要でしょうか？

A：経験値が少ない理由が本当に取り組んだことがないのか，鉄棒で嫌な思いをして取り組まなくなったのかによって違いますが，「痛み」「怖さ」を最小限にする準備を事前にすることが大事かと思います。

27

たくさん漕いでみよう！自転車こぎ

　鉄棒は得意な子と苦手な子で二極化します。それは，過去に痛みを伴う出来事を経験したか，それとも，本当に苦手で鉄棒に触れることが少なかったかです。事前にそういったものを排除できれば，みんなが楽しい活動になるので，事前の準備をしっかりする必要があります。

ねらい

　鉄棒に跳び上がり，腰の位置を自分で確かめ，肘を伸ばした状態になることを次の順番の人に見てもらいながら，正しい姿勢を意識させます。互いに見合うことも，この教材では大切にします。

活動概要（身につけさせたい力）

　支持感覚を高める運動です。たくさん漕ぐことではなく，長い時間支えられるようになる力を身につけさせます。

授業の流れ

❶正しく漕ごう！自転車こぎ～10秒間自転車こぎに挑戦しよう！～（10分）

　「鉄棒で，自転車こぎをしてみよう」。子どもたちの頭の上には「？」がいっぱいです。お手本を見せると「楽しそう！」「やってみたい！」という声が。はじめは回数を決めずに，「10秒間自転車こぎに挑戦しよう！」と投げかけます。すると，なかなか上手く漕げません。なぜかというと，足を動かすと，腕で体を支えることができないからです。そこで，ゆっくり漕ぎながら，体を支えることを目標にして取り組んでみることが大事です。

❷自転車こぎリレー（10分）

　「10秒間自転車こぎ」の次の課題は回数を変更してみます。できる限り多く経験をさせたいので「自転車こぎ15回で交代！」とリレー方式にします。競争ではなく，しっかり漕いで次の人につないでいくことを伝えます。

腰の位置は？ 肘は伸びて いる？

跳び上がった後は，鉄棒が腰の位置にあること！　そして肘を「ピン！」と伸ばすことを指導します。肘が伸びていない人は，肘を触って「伸ばすよ！」と声をかけ，確認します！

下り方は？ 数える？

この教材では，「できるだけ多くできるか？」や「速さ！」ではなく，長い間姿勢を保持することを第一のねらいにしています。数を数えますが，ゆっくり数え，下り方は前回り下りで！

こんな場合，どうする？

Q：肘が伸ばせない子には，どのような補助をしてあげればよいでしょうか？

A：「つばめ」の状態の時に，肘を押してあげて「ここを伸ばしてごらん！」と肘が曲がっていることを実感させてあげることが大事です。肘が伸びたら，「今どこに力を入れた？」と改めて力の入れどころを確認します。

28

準備物 鉄棒の下に敷くマット，リズム太鼓

ぶら下がり足打ち○回に挑戦！

初めてのぶら下がりの運動。経験値の差が大きい鉄棒運動なので，全員同じ課題（共通課題）でスタートすることが望ましいと思います。力の入れどころがわからない子でも，少しずつ保持する時間が長くなるので，自分自身の伸びも実感できる教材です。

ねらい

最終目標は「だんごむし」です。鉄棒にぶら下がることから始め，足を胸の方に引き寄せ，体幹の締めの感覚を高めるためにたくさん経験させたいです。

活動概要（身につけさせたい力）

はじめは鉄棒にぶら下がることからスタートし，徐々に「だんごむし」（p.72参照）に近づけます。自分の体の重さが負荷となり，腕の力・体幹の締めの感覚を高めます。

授業の流れ

❶まずは鉄棒にぶら下がってみよう！（5分）

「鉄棒にぶら下がれるかな？」という問いかけに，子どもたちは，「できるよ！」「簡単じゃない？」と口々にします。いざ，始めてみると様々なぶら下がりが見られます。写真の右の子のように，足を少し上げる子がいたら，「足が高いところまで来ているね！」と褒めてあげることで，次に行う「だんごむし」へつながりやすくなります。

❷ぶら下がり足打ちに挑戦！～はじめは何回？～ (10分)

一定の時間鉄棒にぶら下がることができた子どもたちに，「足打ちできる？」と手本を示します。「先生何回できれば合格？」と聞いてきたら，「ん〜〜？　100回かな？」「本当？」「100回に近づけるといいね！」と雰囲気が盛り上がります！（もちろん100回は無理なので，上限は20回程度にします）

はじめは
ぶら下がること！

「太鼓を10回叩いている間，ぶら下がれるかな？」「できた人は帽子を赤にしてください！」。自分の体の重さを支えるだけでも意外と大変！　でも回数を積み重ねるだけ，「できた！」が増えていきます！

何回で合格？

足打ちは，どんなに多くても20回が上限でしょうか。数を数えるスピードは，先生の太鼓のリズムで共通にします。何回叩けるかな？　新記録を目指しましょう！

こんな場合，どうする？

Q：ぶら下がれない子には，どのような手立てをしてあげればいいですか？

A：腰のあたりと足を持ってあげるとよいかと思います。「この時どこに力を入れたらいいかな？」と話しかけてあげることが大事です。少しでも足打ちの回数や時間が伸びたら「褒める！」ことを忘れずに！

29 準備物 鉄棒の下に敷くマット，リズム太鼓

10秒だんごむし！

鉄棒でのぶら下がりの運動。膝を胸に引きつけるための力の入れどころがわかる教材です。「ぶら下がり足打ち」では鉄棒の下に顔がありましたが，この運動では，鉄棒の上に顔があるので，さらに負荷がかかり，腕やお腹などに力が入ることを実感できます。

ねらい

鉄棒を持つ手には，順手と逆手があり，どちらの方が力を入れやすいかを知ります。膝を胸に近づけるようにして，10秒間姿勢を保持します。この運動は，逆上がりにつながる運動なので，たくさん経験させておきます。

活動概要（身につけさせたい力）

腕と膝を曲げて鉄棒にぶら下がります。体のどこに力を入れるのかを理解し，実感します。

授業の流れ

❶みんなで一緒にやってみよう！〜だーんごむし！だーんごむし！〜 （5分）

だんごむしをいきなり行うことは難しいです。そこで，ポイントをきちんと教えます。①逆手で持った方が力は入る。②鉄棒に顎を乗せない。③膝は胸に引き寄せる。この3点を押さえてからスタートします。また，みんなで口伴奏「だーんごむし！」を唱えると，楽しく取り組めます。

❷10秒だんごむしに挑戦！〜全員目標達成へ！（10分）

　合格の基準が欲しいところです。本校では「10秒だんごむし」で合格です。単に10秒を数えるのではなく，「だーんごむし！」を5回唱えると10秒程度になるので楽しめます。全員10秒だんごむし合格を目指します。

スタートはゆっくりと！
鉄棒に跳び上がると顎を打つ危険性があります。約束事として，「ゆっくりと！　どうぞ！」と声かけを！

できたよ！合格したよ！先生！
回数を重ねるごとに，「10秒間できたよ！」と嬉しい声が聞こえてきます。前時よりも長くできた人には，「だんごむし2回までできたね！」と声をかけて伸びがわかるように！

こんな場合，どうする？

Q：同じことの繰り返しで，やる気を失わないような工夫はありますか？

A：入門期は楽しく取り組むことが大事です。そこで，「だんごむしリレー」をおすすめします。グループ対抗戦で長くできたチームの勝ちというシンプルな取り組みです。

30 〔準備物〕鉄棒の下に敷くマット

ぞうさんの鼻！「ぶら～ん！」

鉄棒で逆さになります。逆さの状態で手を離すことは子どもたちにとって高い壁となる教材です。まずは両手を離さずに逆さの感覚を十分に養い，その後片手だけ離すというような，段階を踏んで丁寧に学んでいくことで，「怖さ」を少なくします。

ねらい

この先に学習する，逆上がりやだるま回りの運動の途中に出てくる動き（姿勢）なので，数多く経験させておきます。

活動概要（身につけさせたい力）

前回りの動きの途中の，体がぶら下がった状態を実感でき，腕支持から逆さ感覚と多くの感覚を一度に身につけられる効果的な教材です。

授業の流れ

❶「つばめ」から「ゆっくりお辞儀！」（5分）

「ふとんほし」の姿勢は，既習内容である「つばめ」の姿勢から，ゆっくりと上体を前に倒し，腰骨（足の付け根のあたり）に鉄棒を引っ掛ける状態です。口伴奏を唱えながら，動きの流れを確認します。①つばめ！トン，②鉄棒は足の付け根！，③ゆっ～～～くりお辞儀～～～！という流れが効果的です。

「足の付け根！」と「足を曲げて力を抜いてごらん！」と伝えることで，正しい姿勢を実感できます。

❷ぞうさんの鼻〜！できたら両手パチパチ！（10分）

　逆さになることができるようになったら，手を離してみます。まずは片手。最終目標は両手を離して拍手を10回！　片手を離す時は「ぞうさんのお鼻〜〜！　ぶら〜〜ん！」を合言葉に取り組ませると，楽しく学べます。

長〜〜いお鼻を！

手を離す時に，怖さから手が縮まってしまう子がいます。「長いお鼻のぞうさんを見せて！」と声かけをすると手がピンと伸びる子が増えます。その後，「ぶら〜ん！ぶら〜ん！」と5秒間ほど片手のふとんほしを経験させます。

嬉しい！拍手！パチパチ！

片手の次は，両手を離します。両手が離せたら，「自分を褒めてあげよう！　拍手！　パチパチ！　10回ね！」。同時に，見ている子たちも一緒に「10回パチパチ！」とすると，一体感が生まれます。

こんな場合，どうする？

Q：どうしても手を離せない子はどうすればよいですか？

A：まずは安心感を与えることです。「先生が支えてあげてるから大丈夫！」とバランスがとれていることを実感させることだと思います。写真のように膝を曲げることでバランスをとっていることを伝えると安心感も増します。

31 準備物 鉄棒の下に敷くマット

逆さまが楽しい！ふとんほしじゃんけん

チーム対抗戦で，はじめは1対1の勝負で楽しみながら経験値を高めていきます。その後，チーム対抗戦を行います。その際も1対1で勝った人数で勝敗を決める方法や勝ち残り式などバリエーションを変えて行っていくと盛り上がります。

ねらい

両手を離した感覚の定着を図るために，ゲーム化したものです。1対1の勝負とチーム戦とで経験値を高めていきます。

活動概要（身につけさせたい力）

じゃんけんをするために，両手を離す必要性を意図的に設定します。逆さ感覚はもちろんですが，ゲーム化したことで勝ち負けに対する気持ちを育むことも大事にします。

授業の流れ

❶ウォーミングアップは両手離してパチパチ10回！（3分）

ゲーム化をすると，どうしても動きがいい加減になってしまいます。そこで，もう一度正しいふとんほし（両手離し）の形を確認します。正しい姿勢で行うことの大切さを確認します。

❷1対1でふとんほしじゃんけん！（5分）

クラスの中にはどうしても両手を離せない子がいます。1対1のじゃんけんの段階から，「片手でもOK！」「声でじゃんけんもOK！」ということも伝え，全員参加で行います。

❸みんなでじゃんけん！(10分)

　対戦している子たちだけが声を出すのではなく，みんなで声を合わせて取り組むことが，みんなで楽しむことは楽しいという雰囲気をつくり上げます。1年生のこの時期に，一体感を多く経験させることはとても大事です。

片手でも OK！
手が離せないから参加できないのではなく，「片手でもじゃんけんできるからOK！　言葉（口じゃんけん）でもOK！」として，経験値を高めていきます。手が離せない子には，必ず声をかけ，安心感を与えることを忘れないようにします。

勝った！やったー！
チーム対抗戦の仕方は，①1対1の勝ち数を競う，②勝ち残り戦などがあります。勝負も大事ですが，ここでは逆さ感覚や，両手を離し膝を曲げてバランスをとることができているかを確認します。

こんな場合，どうする？

Q：勝ち負けにこだわる子はどうすればよいですか？

A：1年生に限ったことではありませんが，最近では負けてしまうとやる気をなくす子が多く見られます。「次がんばろう！」「こんな時もあるよ！」と声をかけていくことが大事だと思います。

32

準備物 鉄棒の下に敷くマット

前回り下りはフワッと！静かにね！

　跳び上がり・ぶら下がりを経験してきた子どもたち。次は，「下りる」感覚を身につけます。経験の差があるので，回転感覚を身につけるはじめの一歩の技です。繰り返し取り組むことで感覚を高めていきます。

ねらい

　鉄棒より上に上半身があり，上体を倒すことに対する恐怖心を取り除きながら，取り組ませます。お手伝い（補助）ありでも，繰り返し数を経験しながら感覚を高めていきます。

活動概要（身につけさせたい力）

　腕で支える（跳び上がり）から回転し，逆さになりぶら下がるという流れで様々な感覚を養います。

授業の流れ

❶ゆっくり！前へ体を倒してみよう！〜お辞儀をするように〜（5分）

　前回り下りを初めて経験する子もいることを想定し，一つずつ丁寧なスモールステップを踏みながら取り組みます。回り方の順番は次の通りです。

①トン！と「つばめ」の姿勢（トン！と跳び上がって，腕で支える！）

②ゆっくりお辞儀！（前に倒れる。おへそを見るように！）

③手でぶら下がり！着地！

＊ここで，回転して逆さになる時に手の握りを持ち替える子が多く見られます（順手から逆手へ持ち替える）。子どもたちには，「手首を前に回す感じで！」と伝えます。それでも直らない場合には，補助して教えます。

❷バタン！と下りるのはアウト！忍者のようにそっとね！（10分）

　活動を進めていくなかで，「かっこいい前回り下りは，忍者のように静か

にね！」と声をかけると「どんな下り方なの？」と聞かれます。以前学んだ「だんごむし」の姿勢になって，鉄棒の真下に下りると「すごい！」と歓声が上がります。この指示の後には，子ども同士で「アウト！」「忍者！」の声が響き渡ります。

> ### 鉄棒の真下に
> ### フワッとね！
> 下りる場所に目印をつけておくとわかりやすいのですが，「鉄棒の真下に下りてみよう！」でも十分伝わります。フワッと下りられたら「合格！」と褒めてあげましょう！

こんな場合，どうする？

Q：「バタン！」と大きな音を立ててしまう原因はなんでしょうか？

A：原因は肘とピンと伸びている足にあります。上体を前に倒す時に，体を小さくおへそを見るように回ると，自然に肘と足を曲げて下ります。しかし，鉄棒が怖い子は体に力が入り，肘と足が伸びたままで着地します。下りる時に背中を支え，ゆっくり下りる感覚を味わわせてあげるようにしましょう。

33

準備物 リズム太鼓，カラーマット（小マット）＊着地の時の安全性の確保のため

馬跳びに挑戦！

　1年生に準備させるものには限界があります。「跳び箱」は絶対に無理です。跳び箱の代わりとして「馬跳び」が有効な教材です。また，確実に運動量も確保できます。馬跳びの経験値を高め，中学年の跳び箱運動につなげていくことが理想的な単元構成だと思います。

ねらい

　背の高さが同じくらいのペアで行い，友だちが馬をつくりそれを跳ぶことで，安心感を持ち，さらに互いの信頼感を高めます。

活動概要（身につけさせたい力）

　腕支持感覚と突き放しの動作が身につく教材です。開脚跳びへつながる運動なので，経験を多く積ませます。

授業の流れ

❶口伴奏（合言葉）で確認しながら！びくともしない馬をつくろう！（10分）

　馬が安定していると跳びやすいことから，「跳ぶ人のことを考えて頑丈で，びくとも動かない馬になろう！」と伝えます。馬をつくる時には，一斉に口伴奏を唱えながら行うことをおすすめします。

　①手と膝をついて！，②お尻を上げて！，③肘を伸ばします！，④頭を入れて，⑤力を入れます！，⑥背中を押してギュギュ！ギュギュ！　びくともしない馬の完成！

＊1の馬の確認は10分。2の馬は5分程度です。

❷実際に跳んでみよう！～1の馬・2の馬～（5分）

　正しい馬がつくれなければ，ペアの子は安心して跳ぶことができません。安全確認ができた段階で，最初の馬「1の馬」に挑戦します。クラスのほぼ全員が達成できたら次の馬「2の馬」へ進みます。

＊各馬跳ぶ時間は5分間です。

1の馬をばっちりに！

全員びくともしない馬がばっちりできたことを確認したら，いよいよ馬跳びの開始です。「1・2のジャンプ！」のかけ声と，太鼓のリズムと一緒に跳んでみます。1回ごとに全員の取り組みを確認することを忘れずに。

2の馬跳べるとかっこいい！

ほぼ全員が，1の馬を跳べたら，少し高い馬を見せます。「高いなぁ！」「跳べるかな？」という声と，「早く跳んでみたい！」という声。「最後まで馬を押し続けながら跨ぐようにしてごらん！」と教えます。

こんな場合，どうする？

Q：馬から手が離れたままで，跳び越えてしまう子はどうすればよいですか？

A：この状況が一番多いつまずきです。この時には，前述した通り最後まで馬を強く押して跨ぐことを確認して，跳ぶ子の上腕を持ってあげて補助してあげ，タイミングを合わせて跳ばせます。同じようなことを何度か繰り返し，跳んだ感覚を体感させると跳べるようになってきます。

34 馬跳びくぐり

準備物　特になし

　低学年の子どもたちにとって，ドキドキ・ワクワクする運動を経験させることで，学びの意欲は高まります。また，「できそう！」という気持ちになる運動教材と出会うことで，休み時間にもその運動に触れようとする気持ちにもなります（運動の日常化）。

ねらい

　学んできた運動を組み合わせ，跳んだり，くぐったりして体の様々な部分を使っていることを実感させます。

活動概要（身につけさせたい力）

　跳び慣れた馬の高さ（２の馬や３の馬）を跳んだ後に，馬の下をくぐる運動です。２つの運動を組み合わせることで，短時間で十分な運動量を確保するとともに，機敏な動きを身につけます。

授業の流れ

❶まずは跳ぶ馬の高さを選んで５回跳ぼう！（2分）

　「馬跳びくぐり」は体つくりの運動遊びの１つとして短時間で運動量を確保でき，ペアで楽しく取り組める教材です。

　中学年や高学年へ進めば「馬跳び30秒」と回数の伸びを実感する運動機会を保障してあげることが必要ですが，１年生のこの時期は，馬跳びを経験させる機会を保障してあげることを優先してあげましょう。

❷5回跳んで！くぐったら交代！（3分）

　馬跳びくぐり本番です！　２の馬や３の馬をたくさん経験してきた子たちができる運動です。そこまでに，たくさんの馬跳びを経験して，「跳ぶことが楽しい！」「馬跳び大好き！」となっていることが肝心です。「くぐる」ことを組み合わせることで，さらに楽しみが深まること間違いなし！
＊１人が跳ぶ時間は１分弱で終わります。

馬の足の間を素早くくぐろう！

跳んだ人がくぐりやすいように，足を開いたり，手の位置を高くしたりします。はじめは時間がかかりますが，経験を積めばだんだんと速くなってきます。実際に取り組んでみると，なかなかの運動量があります。授業のはじめの体つくりの運動遊びとしても最適な運動です。回数を競うのではなく，目標値（５回や10回）を大切にし，終わったら，ペアの人と交代するようにしましょう。

こんな場合，どうする？

Q：早く終わらせることにこだわる子にはどのようにすればいいですか？

A：「競争ではないよ！」「ペアの子と楽しく！」ということを伝え続けることだと思います。「くぐりやすくしているね！」と視点を変える褒め言葉をかけ続ければ，少しずつ変わっていくと思います。

準備物 カラーマット（小マット）＊着地の時の安全性の確保のため

3の馬に挑戦！スペシャル4の馬は跳べる？

　馬の高さが高くなることで，空中をフワッと浮いている感覚になり，その感覚が子どもたちにとっては楽しいでしょう。しかし，恐怖感を抱かせたり，安全に運動ができなければ意味がないので，1年生は，3の馬を跳べれば大大大合格です。4の馬は馬の紹介程度にし，2年生で扱うことにします。

ねらい

　馬跳びは開脚跳びの準備的な運動して感覚を身につけることができる最適な運動です。3の馬・4の馬の高さになると，さらに基礎感覚をきちんと身につけておく必要があります。

活動概要（身につけさせたい力）

　馬が高くなると，どうしても助走して跳びたくなりますが，その場からの両足踏み切りから，着手して跳ぶ感覚を身につけさせます。

授業の流れ

❶3の馬のつくり方（5分）

　3の馬のつくり方も1の馬と同様に，みんなで確認しながら取り組みます。

　①足は肩幅ぐらいに開きます。②足首を持ちます！③頭を入れます！

　そして，いつも以上に大切なことは，強く背中を「ギュギュ！」と押しても動かないこと。跳ぶ子が安心できる馬であることを確認してから，跳ぶようにさせます。

❷3の馬は跳べるかな？（5分）

　決して，短時間でより多くの回数を跳ばせることはせず，跳ぶ子に両足踏み切り→着手→安全着地を意識させます。馬の子の大切なことは，足を肩幅程度に開き足首を持ち，肘を伸ばすことです。この馬を跳ぶ時の馬にかかる負荷は非常に大きいので，しっかりとした馬をつくることを改めて指導します。やっぱり馬が大事！

3の馬！
馬が安定しないと跳ぶ子が不安になります。また跳ぶ子は，馬をギュッと押して肩が前方向を向くように心がけます。

紹介します！4の馬！
3の馬で跳べる子が「次の馬はありませんか？」と聞いてきます。1年生では，3の馬が跳べれば合格ですが，4の馬の紹介だけしておきます。すると，4の馬への憧れが芽生え，3の馬の練習をどんどんします。

こんな場合，どうする？

Q：馬がどうしても安定しません。どうすればよいでしょうか？

A：肘をしっかり伸ばし，頭を中に入れることでしょうか。肘を伸ばすことを伝えると，力が入ります。足首をしっかり持ち，頭を入れることも確認すれば安定します。

36 遠くへ！高く！ジャンプしよう！

準備物 跳び箱1段目

「空を飛びたい！」と誰もが一度は思ったことがあるでしょう。そこで，少しでもその感覚に近い状況を味わえることで，これから学ぶ，高鉄棒からの下りる運動などに備え，高所から下りる恐怖感を軽減させておきます。

ねらい

日常生活の中で，高いところから跳び降りる経験はなかなかできません。わずかではありますが，高所から下りる際に空中にフワッと跳ぶような感覚を味わう機会を経験させます。

活動概要（身につけさせたい力）

高いところから，両足踏み切り・両足着地で跳び下りる高所感覚を高めます。

授業の流れ

❶ジャンプで乗って！フワッとジャンプ！（2分）

はじめに，跳び箱1段目に両足で「トン！」と跳び上がります。この動作も怖がる子がいるかもしれないので，同じ高さのマットを準備しておくのもよいと思います。

1つ目の課題は，「フワッとジャンプ！」です。フワッとなので，高く跳び上がる子や，そのまま下りる子など様々です。何より，「フワッと自分の体を投げ出す」ことができれば合格です。

❷空中でいろいろな動作を入れてみよう！（3分）

　子どもたちに，「空中で自分の好きな動作を入れてジャンプしてみよう！」と投げかけると，いろいろな跳び方を考えます。「面白い跳び方だね！　みんなも挑戦してみて！」とみんなで楽しい雰囲気をつくり上げることのできる教材です。

バンザイ！ジャンプ！
バンザイをする時に，腕を大きく振り上げるので，勢いがついて遠くまで跳ぶことができます。高くではなく，遠くへ跳ぶことができる跳び方です。

パチパチ！ジャンプ！
跳び下りている間に，何回拍手ができるか自分で課題を考えながら取り組む子がいました。体の前の「パチパチ！」だけではなく，頭の上や腿を叩いたりと工夫できることがたくさんです。

こんな場合，どうする？

Q：高さを怖がる子には，どのような手立てをしたらよいでしょうか？

A：同じ高さの場所に飛び移るだけの経験から始めます。次のステップは，手をつないで一緒に下りることです。両手をつないで下りることができたら，次は片手だけでと，自分自身の力で「できた！」を経験させてあげることが自信につながります。

風土づくりは授業中に育む
～授業づくり・学級づくり～

　学級づくりをうまく進める方法は様々あります。私が大切にしていることは（特に１年生は），いくつかあります。その中でも，①「居場所をつくること」，②「共につくり上げること」が重要です。

　１つ目の「**居場所をつくる**」ということは，この学級にいることが安心であるということです。友だちとの関わりが多くある「体育」の授業は，まさに学級づくりには大切なポイントの１つです。「できた」をクラスみんなで「喜び」，「できた」へ向かって力を合わせ取り組むなど，様々な場面があるので，そこで力を発揮できる「居場所づくり」はとても重要です。

　２つ目は，「**共につくり上げること**」です。授業内には１人ではできないことでも，友だちの応援や協力によりできることがあります。私たちが常に意識して，安心できる環境の中で，「できるよ！」や「がんばって！」など認める・励ます言葉をかけ続けることで，子どもたち自身も前向きな言葉をかけようとする前向きな風土づくりを大切にします。

　この２つのことは，いつ育むことができると思いますか。低学年（特に１年生）にとっては，学校生活全てが初めての学びの場です。様々な力を育むのに絶好の場は「授業中」だと思います。その理由は，全員が揃っているから。また，同じ目標に向かっているからです。初めて出会う学習課題に向かってがんばるなかで，「できること」「できないこと」は様々です。そこでみんなで力を合わせ，居心地のよい雰囲気の中で授業を進めたいものです。

第3章

走・跳の運動遊び

37 いろいろなコースで走ってみよう！

準備物　長縄（色のついている縄があればなおよい）

走の運動の楽しさが実感できた頃か，走の運動の単元の後に行う教材です。みんなで考えたコースを走ることの楽しさと，自分たちで考えたコースを走った子の感想をもらったりできることが，この教材の特徴です。

ねらい

真っ直ぐ走る時のコツは，少しずつわかってきた子どもたち。これから走る運動場面での身のこなしを学ぶ入門編として扱います。

活動概要（身につけさせたい力）

真っ直ぐに走ることの楽しさがわかった後に，いろいろなコースを走ることで，改めて走る楽しさを味わいます。また，長縄でつくるコースを考える際には，グループ内での友だちとの関わり方も学びます。

授業の流れ

❶まずは，先生の考えたコースを走ってみて！（5分）

いつも通り，おりかえしの運動を行った後に，長縄をいろいろな形にして並べます。子どもたちは，「？？？？」。何が始まるのか，興味津々の表情を

見せます。「長縄コースを，みなさんに走ってもらいます」と投げかけ，走ってもらいます。いつも通りの走り方ではない，少し窮屈な感じを味わいながらも楽しい時間となります。

❷みんなでつくろう！〜優しいコース？それとも意地悪コース？〜（15分）

　「先生の考えたコースは簡単だよ！」と言われます。「じゃあ，こんなコースはいかが？」と大きな円と小さな円のあるコースを走らせると，今までの真っ直ぐに走る感覚とは少し違った感覚を味わえて，「面白い！」という声が聞こえます。最後は，チームごとにコースづくりの時間を設定します。

大きな円！
比較的大きな円のコースは，真っ直ぐ走る時よりも体を少し倒しながら走る感じを味わえます。

小さな円！
小さな円はその場で足踏みするように，細かなステップが必要で，走りづらいです。

どんなコースにする？
時間を決めて，走るコースを考えます。自分たちの走るコースではなく，隣のチームの走るコースを考えます。走った後に，お互いに感想を出し合い，共有する時間も設定します。

こんな場合，どうする？

Q：チームの話し合いがまとまらない場合には，どのような声かけをしますか？

A：どんなコースがつくりたいか聞いてみます。優しいコースがいいか，意地悪コースがいいか話し合いのポイントを絞らせます。方向性が決まったら，具体的に「どんなコースが走りづらいと思う？」などと問いかけます。

38 準備物 スタートライン2本（校庭にラインが引いてあれば活用する）

ドン！じゃんけん

走の運動といっても，じゃんけんを取り入れたゲーム要素の強い教材です。しかし，勝ち負けを瞬時に判断したり，チームのメンバーの勝敗を見てスタートしたりする判断力など，楽しみながらいろいろな力を必要とする運動です。

ねらい

チームの友だちが，がんばる姿を応援したり，自分の番になるまでのドキドキ感を味わったりして，運動を通して走る楽しさを育みます。

活動概要（身につけさせたい力）

短い距離ですが，全力で真っ直ぐに走ること，対戦相手と対峙して勝ったら前へ進み，負けたらメンバーに負けたことを伝える人とのコミュニケーションを育みます。

授業の流れ

❶ルール説明はシンプルに短時間で行う！（3分）

いつも整列している4人グループで行うとわかりやすいです。互いに向かい合い，走る順番を決めたら座って待ちます。先頭がスタートラインに立ち，合図とともに線上を走っていきます。対戦相手と出会ったら，両手を合わせて，「ド～ン！　じゃんけんポン！」と声を出しながらじゃんけんをします。勝った人は，そのまま前へ進み，負けた人は「負けた！」と手を上げて次の人へ伝えます。相手の陣地まで辿り着いたら得点になる運動です。

❷「負けた！」は大きな声で！～お試しゲーム！～（5分）

説明が終わったら，お試しゲームを行います。負けた人は「負けた！」と大きな声で伝えないと次の走者が困ることを確認します。

❸チーム対抗！ドン！じゃんけん！本番です！（12分）

　お試しゲームを終えて，もう一度ルールの確認をしてから本番ゲームへ進みます。チームのために一生懸命応援している子を褒めたり，全力で走っている子を褒めたりと，クラス全体で楽しく取り組む雰囲気づくりを心がけます。

　1回のゲームは時間は，およそ3分間。全チームと対戦できるようにしたいです。

ガイドとなる線に沿って走ろう！

対戦相手に向かって真っ直ぐ進むために，ガイド（目印）となる線を引いておくと，ゲームが進めやすくなります。スタート・ゴールラインもあると，得点になる目安となります。

大きな声で！真剣に！

このゲームは，大きな声で取り組むことが大事です！　また，チームの仲間の姿をよく見ていないといけません。したがって得点をした時の達成感は大きいです。

こんな場合，どうする？

Q：ルールの理解が難しい子には，どのような手立てをすればよいですか？

A：このゲームのルールはとてもシンプルです。勝ち負けよりも，全力で走ったり，大きな声でじゃんけんをしたりすることの方に焦点を絞って取り組ませます。「間違えても大丈夫！」という授業内の雰囲気をつくることも大切にします。

落とし穴には気をつけて！

　運動会後（本校は5月の運動会）で，走の運動の楽しさが実感できた頃に行う教材です。

ねらい

　障害物を跳び越える（跨ぐ）と走るリズムが崩れます。その不思議な感覚を味わうとともに，障害物走のきっかけとなる運動として扱います。

活動概要（身につけさせたい力）

　障害物を跳び越えるために，リズミカルに走ることができる技能を高めます。また，少しずつ障害物の数を増やしていき，片足踏み切り，片足着地の技能（ハードル走）につなげます。

授業の流れ

❶いろいろな走り方をしてみよう！（5分）

　いつも通りのおりかえしの運動を行いますが，立位のものを中心に，スキップやツーステップ，両足跳び（カンガルー）などを中心に走ります。

❷落とし穴に気をつけて！（5分）

　落とし穴は1つだけ。しかし，いつも通りの走り方ができなくなる子もいます。リズムカルに走ることができるか実際に走って試してみます。

❸落とし穴を増やしてみよう！走り方はどうなる？（5分）

　落とし穴を増やすと，走り方が大きく変わります。腕を大きく振り上げる子が多くなります。走り方が変わったことを見ることができないので，タブレット端末で走る様子を撮影して後で見ることで実感させるのも効果的です。

2つは大丈夫だ！
2つの落とし穴を見ても，「大丈夫だ！」と思う子が多いです。でもいざ取り組んでみると，意外と遠く感じます。そして，自分の走りを振り返ると，今までの走り方とは腕の振りが少し大きくなったことを実感します。

えっ？3つ？
3つの落とし穴を見ると，大丈夫かどうか心配になる子が多くなります。「跳べるかな？」。1年生にとっては，ドキドキ感は体育授業を楽しむしかけの1つです。そして，跳び越えられると達成感も大きいです。

こんな場合，どうする？

Q：落とし穴の前で，足を合わせるために両足で踏み切ってしまう子はどうすればよいでしょうか？

A：「ジャ〜ンプ！」と声をかけること，一緒に手をつなぎながら走ることが一番です。そうすると，少しずつジャンプする感覚が掴めてきます。

40 準備物 特になし

何歩でいけるかな？（大また歩き）

おりかえしの運動で経験させておきたいいろいろな走り方の1つである「大また歩き」。この歩き方（走り方）を学ぶことが様々な運動へつながります。「その先に」ある運動を見据えながら，いろいろな教材を経験させることを大事にします。

ねらい

ゴールラインに向かう最後の一歩の着地は両足着地という決まりのみで，一歩を大きく進む技能を養います。また，何度も経験することで片足踏み切りから両足着地の動作の経験を積ませます。

活動概要（身につけさせたい力）

腕を大きく振り，一歩を大きくすることで，体が一瞬だけ「フワッと！」浮く感覚を身につけます。

授業の流れ

❶いろいろな走り方をしてみよう！（3分）

1年生の間に，大また歩きの他にもおりかえしの運動で経験させておきたい走り方（歩き方）はたくさんあります。しかし，長い距離で行う必要はなく，短い距離（10m程度）で全力で取り組む機会を保障してあげることが大事です。私が考える経験させておきたい走り方（歩き方）は次の通りです。

①スキップ　　②ケンケン（左右）　　③ケンパー（ケングー）
④両足跳び　　⑤ギャロップ（ツーステップ）　　　など

この走り方（歩き方）を経験しておくと，「その先に」ある運動に向き合える感覚が身についた状態で取り組むことができます。

❷ペアの人に歩数を数えてもらいながら取り組もう！（7分）

「ゴールラインまで何歩でいけるかな？」と投げかけ，大また歩きが上手

にできている子のお手本を観察させます。そこで，クラス全体の目標値を設定し取り組ませます。ペアの子に歩数を数えてもらい，自分の技能の伸びを実感するとともに，友だちの体の使い方も見ることで参考にする機会とします。

お手本に近づきたい！
全員で確認した「お手本」にどれだけ近づけるか，自分がどれだけ再現できるかは，体育授業で大切にしたいことの1つです。「腕を大きく振る」ことに焦点を絞り，技能を向上させることが大切です。

子ども同士のつながりも大事！
ペアで取り組むことの意図することは，互いの動きを見合うことです。そして「ここがよかった！」「もっとこうしたら？」という対話は1年生でも生まれます。そこから学びへの意欲も高まります。

こんな場合，どうする？

Q：「大また」がリズムよくできない子にはどのような手立てが効果的ですか？

A：スキップやギャロップのようになってしまう子が，よく見られます。手をつないで，リズムをとってあげることが一番効果的な手立てだと思います。ケンテップを置いて走らせると，自然と一歩が大きくなります。

41 準備物 ディスクコーン，ストップウォッチ，記録用紙（名簿）

新記録を出そう！かけっこ入れ替え戦！

走の運動の楽しさが実感できた頃に行うのに最適な教材です。ただ走るだけかもしれませんが，入れ替えの仕方を理解することが難しい子もいるので，授業マネジメントは十分に考えておく必要があります。

ねらい

50m走のタイムの向上を目指し，同じぐらいのタイムで走る子と一緒に走ることで，切磋琢磨し自己新記録を更新することができる環境をつくり，全力で走る気持ちを育みます。

活動概要（身につけさせたい力）

勝ち負けにより，「悔しい」「次こそは！」と思う気持ちを絶やさないような場の工夫として，「入れ替え戦」を使いながら，全力で走る力を身につけます。

授業の流れ

❶スタートが肝心！一歩目はどっち？（5分）

50m走でスタートはとても大事です。一歩目をどう出すか，どっちの足の方が走り出しやすいかスタートの練習をしてみます。

❷前を見て！真っ直ぐ！最後まで走り切ろう！（5分）

1年生の走り方の特徴は，隣のコースの子が気になり，横を見てしまうこと。そして，ゴール手前で失速することの2点です。子どもたちには，「真っ直ぐ前を見て！」「ゴールの先のコーンまで走り抜ける」ことを伝えます。

❸かけっこ入れ替え戦に挑戦！（5分）

「入れ替え戦」のやり方は，1位の子は1つ上の速い組へ勝ち進み，4位（最下位）の子は1つ下の組へ移動することです。この場の工夫により，「勝てるかもしれない！」という競争意識が高まり，いつまでも意識が高いまま取り組めます。

全力で走る経験を積む！
事前に計測した50mのタイムを元に，組み分けをしたので，同じぐらいの走力の子たちが同じ組にいます。このような状況が，毎回経験できるのが入れ替え戦のよいところです。この経験をたくさん積み重ねることで自己新記録を目指せます！

諦めず最後まで！
スタートが上手にできたら，次は中間走です。しっかり前を見ながら，腕を振り，全力で走ることができれば合格です。何度か入れ替え戦をしている時に，再度タイムを計測してみると結果が伸びている子が多くなります。

こんな場合，どうする？

Q： ゴール手前で失速する（止まる）子には，どのような手立てがありますか？
A： ゴールの先に目印のコーン（目立つ色のもの）を置いておき，「そこまで走ろう！」と伝えると，そこがゴールと思い失速することが減ります。

42 準備物 折り返し地点のコーン ＊スタート・ゴールラインは必要

手タッチ・肩タッチから始めよう！初めてのリレー

運動会で上級生がバトンをつないで走っている姿を見て，憧れを持っているリレー。しかし，バトンを使って，周回コースでのリレーは１年生には難しいので，普段の授業で行っているおりかえしの運動の距離で回旋リレーから始めます。

ねらい

バトンを使わずに，手タッチ・肩タッチで行うので，走ることに焦点を絞って取り組むことができます。タッチでスタートするタイミングも学びます。

活動概要（身につけさせたい力）

グループのメンバーで力を合わせて，ゴールを目指す気持ちやタッチする時と，ゴール後の約束を守ることを身につけさせます。

授業の流れ

❶スタート位置は同じ場所！折り返しのコーンを回って次の人へ！（5分）

初めてのリレーは，いつものおりかえしの運動と同じ距離と同じメンバーで行います。そうすることで，チームの一体感が増すばかりではなく，安心感をもって取り組むことができます。

❷「ゴールしたよ！」の合図は座って，右手を上げて！（5分）

ゴールしたことが一目でわかるように，約束事を決めておきます。全員がゴールをしたら，「座って右手を上げる！」。これで，判定に困ることは少なくなります。

❸距離やバリエーションを変えて！回旋リレーに挑戦してみよう！（10分）

　回旋リレーは，校庭はもちろん，体育館でもできます。いつも学習してい るおりかえしの運動の距離（体育館の10mの往復）としてもよいですし， 校庭の場合はその倍の20mの往復で経験を積ませます。

肩タッチはやさしくね！
「肩タッチ？」と初めて聞く方もいらっしゃるかもし れません。次待っている人の肩をタッチしたタイミン グでスタートできる合図になります。一生懸命・必死 に走ってくるので，タッチも力強くなってしまうこと があります。「タッチはやさしくね！」を約束に進め ていきます。

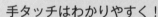

手タッチはわかりやすく！
写真にもあるように，手タッチのよ いところは，タッチする場所がわか りやすいことです。「ここだよ！」と メンバーに知らせること，スムーズ にいくことを教えると，各チームで 工夫するようになります。

こんな場合，どうする？

Q：約束を守れない子（肩タッチは座ったままなど）には，どのような指導が効 果的ですか？

A：リレーはチーム全員で力を合わせないと勝てないことや，応援する姿やアド バイスをしている子にも焦点を当て，評価してあげると少しずつ約束を守れ るようになります。

43

準備物 特になし

一歩を大きく！ピタッと止まろう！グリコじゃんけん

昔，学校の帰り道によく目にしたグリコじゃんけん。普段から慣れ親しんできたからこそ，基礎感覚が身につきます。そこで，いろいろな走り方を経験してから取り組ませます。「その先に」つながる運動を見据えた教材です。

ねらい

「大また歩き」で腕を大きく振り，体全体を使って走ることを学んだことを生かして，三歩・六歩と決められた歩数で両足着地で止まれる力を養います。

活動概要（身につけさせたい力）

大また歩きのように，一歩を大きくし，最後の一歩は両足着地でピタッとストップできる力を身につけます。

授業の流れ

❶それぞれの歩数の確認をしよう！～みんなで確認！～（5分）

グリコじゃんけんで，勝った時の歩数を確認します。「グ〜で勝ったら？」と言ったら，一斉に「グ〜リ〜コ！」と実際に歩かせてみます！

❷最後の一歩はピタッと両足着地で！～お試しグリコじゃんけん～（5分）

グリコじゃんけんは，片足踏み切りとして，最後の一歩の着地は，「ピタッ！」と両足着地を約束にします。勢いがついているなかで両足着地は難し

いですが，上手に止まれたら，「今の止まり方はいいね！」「がんばってピタッと止まれたね！」と，即時評価をしてあげることを忘れないようにします。

❸ゴールに着いたら1点！（5分）

　じゃんけんで勝ったら，その歩数分進み，ゴールラインに着いたら1点獲得です！　一定の時間を決めて，その間に何点取れるかを確認します。ゲーム要素が入っている教材なので，競い合うこともありますが，大事なのは「一歩を大きく！」そして「ピタッと止まる」ことです！

腕を大きく振って！
「大また歩き」で学んだことを活用している子には，「腕が大きく振れているね！」「一歩が大きくていいね！」と声をかけてあげます。お互いに大また歩きの姿を見合えるのも，グリコじゃんけんのよさです。

ペアで確認！
時間を決めてグリコじゃんけんを行います。ゲームを通して，子どもたちの調整力が高まっていきます。お互いに両足着地ができたら，「OK！」サインで確認しましょう。互いに「できた！」感覚も大事にします！

こんな場合，どうする？

Q：なかなか一歩が大きくならない子（大また歩き）にはどのような指導が効果的ですか？

A：1年生の大また歩きのつまずきには，「スキップ」や「ギャロップ」のような動きになってしまうことがあります。手をつなぎながら一緒にリズムを合わせながら歩いてあげる指導が効果的です。

家庭とのつながりを大切に
～信頼関係を強くするために～

　子どもたちの学校生活を豊かにするためには，子どもたちとの信頼関係がとても大切です。また，子どもたちが安心して学校生活を送ることで，保護者からの信頼も獲得できます。保護者が学校生活の全てを知ることは無理ですが，その一部を知ることは可能です。それは，「子ども自身の成長」です。

　大切なことは，子ども自身が「伸び（成長）を実感する」ことだと思います。その実感には，たくさんの成功体験と私たちとの達成感や喜びの「共有」が必要だと思います。そのためには，多くの運動機会を保障してあげることです。授業内で「できた！」と実感できる機会が多くあると，子どもたちも前向きになります。そこで，私たちの役割としては，がんばりを認める言葉や褒める言葉を忘れないことです。

　「よくがんばったね！」

　「えっ！　記録更新じゃない？」

というように，いつも先生は私たちのことを見ていてくれているという安心感を与えること，

　「できた時どんな気持ちだった？」

　「今までの練習の成果だね！」

その子のがんばりの過程を認める言葉をかけてあげることで，さらにがんばる気持ちを育みます。この繰り返しで，子どもとの信頼関係が築くことができ，その姿を保護者が見て安心することで家庭での保護者の子どもへの関わり方も変わってきます。このような環境の中で日々の学校生活を送ることで信頼関係は強くなります。

第4章

水遊び

準備物 特になし ＊家庭の協力を得るために，お便り（学年通信や学級通信）を活用すると効果的

シャワー大好き！

水泳学習が行われる6月に間に合うように，5月ぐらいからおうちでできる「水慣れ」を経験させておくことがポイントです。はじめの一歩は「シャワー」を1人でできるようにすることです。頭から水をかけても大丈夫！　な子にします。

ねらい

はじめの一歩が全員揃った状態であれば，その他の学習活動に時間を費やすことができます。耳や目に水が入ることへの抵抗感を少しでもなくします。

活動概要（身につけさせたい力）

頭から水をかけても，大丈夫なようにします。シャワーを1人で浴びられるようにすることで，水に慣れることができます。

授業の流れ

事前指導❶ 「シャワー大好き！」への道「お便りの活用」

水泳学習も幼稚園・保育園での経験の差が非常に大きい運動の1つです。そこで，家庭の協力を得られるように，右のようなお便りで簡単にできる取り組みを紹介します。「顔を洗う」「頭からシャワーを浴びる」という日常でも行っていることの大切さを共有します。

事前指導❷ 「シャワー大好き！」への道「学習カードの活用」

「できた」の可視化をするために，学習カード（p.107）を配付します。シャワーの浴び方も「目を閉じたまま」→「目を開けて」→「上を向いて，目を開けて」と段階を踏んでいきます。できたら○に色を塗ったり，シールや

はんこで「できた」を可視化して，意欲を高め
ていきます。

❸ **シャワー大好き！**（1人それぞれ1〜2分）

　わずかな時間ですが，今までの練習の成果を
実践する場です。カードの取り組み具合を確認
しているので，声かけ（励ます・認める）も一
人ひとり適切にできます。

みんなでシャワータイム！
（頭の上からジャブジャブ！）
一斉に頭の上からシャワーを浴びます。
みんなで声を合わせて「髪の毛ゴシゴ
シ！　ゴシゴシ！」と言いながら取り
組ませます。

顔を上げて！
（シャワーの方を見て顔を洗う）
頭から浴びた後には，顔に水を当てな
がら，顔をジャブジャブと洗います。
「顔をジャブジャブ！　ジャブジャブ！」
とかけ声も変えてみます。

こんな場合，どうする？

Q：どうしても水を怖がります。どうすればよいでしょうか？

A：嫌い・苦手な原因理由は必ずあります。考えられるのは，お風呂・プール・
海での嫌な経験，水の冷たさへの抵抗感，目や鼻，耳に水が入ることへの不
快感・痛さなど。そこで，水の強さ（勢い）など配慮をすることで，安心感
を持って取り組むことができます。どうしてもできない子には，バケツや洗
面器などから少しずつ水をかけてあげるといいと思います。

45

準備物 洗面器

ジャブジャブジャブ！顔洗いはできるかな？

「シャワー大好き！」と同様に水泳学習が行われる6月に間に合うようにします。「潜る」まではいきませんが，顔・目・鼻・耳に水がかかっても抵抗感がないようにします。

ねらい

水泳学習の時間に毎回行う顔洗い。プールの中に入って「水に慣れる」初めての内容です。顔に水をかける動作も楽しみながら行い，定着させます。

活動概要（身につけさせたい力）

普段何気なく行っている顔洗いですが，自分の手ですくった水を自分で顔にかけることで，段階を踏んで恐怖感を和らげ，顔つけ・潜るにつなげます。

授業の流れ

❶シャワーで顔をジャブジャブジャブ！（1人1〜2分）

シャワーを使って顔を洗います。自分で上からくる水で顔を洗い，水に慣れます。シャワーから出る水の強さに恐怖感がある場合には，桶やバケツなどから少しずつ水をこぼすように顔に水をかけてあげます。

❷手洗い場で顔をジャブジャブジャブ！（1人1〜2分）

今まで練習してきた家の洗面所やお風呂と違いプールという広い空間に慣れていない子には，手洗い場に洗面器を用意しておき，そこで顔を洗わせます。

ジャブジャブと続けて顔が洗えるようになったら合格です。ここでジャブジャブできたらプールへ進みます。

❸ジャブジャブ顔洗いタイム！（1人1〜2分ジャブジャブを数回繰り返す）

　プールの水を手ですくい上げ，続けて顔を洗う活動です。プールサイドでの活動から，プールの中での活動へと段階的に進めることが大事です。水に慣れるために，この活動は繰り返し行います。

**プールサイドで
ジャブジャブタイム！**
プールサイドに座り，一斉に顔を洗います。「ジャブジャブ！」のかけ声の後に，顔を洗います。まだ足しかプールに入っていないので，水に恐怖感のある子でも活動に参加しやすいです。

ジャブジャブ！

**プールで
ジャブジャブタイム！**
プールに入って一斉に顔を洗います。同時に，子どもたちに水をかけます。ずぶ濡れになりながら，顔を洗う経験を多く積ませます。水慣れで大切な活動の1つです。

こんな場合，どうする？

Q：水を顔につけることができない子への対処方法を教えてください。

A：私たち教師の意識を変えて，顔に水がつくことへの怖さから水をすくえないことを理解しましょう。自分で水をすくうことができない子はいますので，私たちが手ですくった水を顔につけることから始めます。またそれでも無理な子は，濡らしたタオルで顔を拭かせることでも OK とします。まずは，自分の意志で顔に水がつけられるようにします。

＊事前の家庭での練習が大事ですので，お便りを効果的に使いましょう！

46 準備物 特になし

水かけ合戦！お地蔵さんになろう！

　水泳学習のある時期（6月）に実施します。水慣れの1つとして，顔にたくさんの水がかかる経験をさせます。水をかけられることが嫌な子ほど，たくさんの水をかけてあげると，水に慣れる近道となります。

ねらい

　顔に水がかかることで，全身が水に濡れることとなります。この経験をもとにして，水での活動を楽しむことができるようにします。

活動概要（身につけさせたい力）

　顔に水がかかることに慣れると，これから学ぶ顔つけや潜る活動に対しての抵抗感がなくなります。また，水が顔にかかった時に，息継ぎができるようにします（苦しくなった時に息継ぎをする）。

授業の流れ

❶自分で体に水をかけてみよう！（1分）

　プールサイドに腰かけて，自分の体に水をジャブジャブとかけます。自分で加減ができるので，チャプチャプと少ししかかけない子もいます。その時は，先生が軽くかけてあげることで少しずつ水に親しむ気持ちが育まれます。

❷隣の人に水をかけてみよう！（1分）

　まだプールに入ってはいないですが，隣にいる友だち同士で水のかけ合いをします。友だちに水をかけるとなると，遠慮がちになりそうですが，思い切り水をかけ合うことが大事です。この時は，先生も一緒に水をかけ，楽しい雰囲気づくりを心がけましょう。

❸みんなで水かけ合戦！お地蔵さんになろう！（8分）

2人組や班ごとに行う活動で，水をかけられる子がお地蔵さんのように動きません。水をかける子に「たくさん水をかけてあげて！」「動かないお地蔵さんがいます！」と声をかけてあげると，楽しく取り組めます。

じゃんけん！水かけ合戦！

ペアの人とじゃんけんをして，勝った人が水をかけてもらいます。水をかける回数は，「ジャブジャブジャブ」と3回です。2分程度の時間を設定し，その間に何度も勝負します。

チームで水かけ合戦！

チームで水かけ合戦を行うと，お地蔵さん役の子だけではなく，周りにいる子にも水がかかります。水のかけ方も，顔を目がけてではなく，シャワーのように高い所から水がかかるようにします。

こんな場合，どうする？

Q：水がかかることが嫌いな子は，どうすればよいですか？

A：水のかけ方に変化を与えます。いきなりジャブジャブと水をかけても，逃げていくだけです。「顔を手で覆った状態で水をかける」をStep1とするならば，Step2は「顔に手はやらずに水をかける」です。そして最後は，「自分で頭から水をかける」でしょうか。水のかけ方の工夫次第で，顔に水がかかることに慣れていきます。

47 準備物 特になし

1人で顔つけ！2人で顔つけ競争！

水泳学習が行われる導入時期に行います。顔つけは，目や鼻，耳に水が入り嫌がる子が多いので，水泳学習の水慣れの際には，必ず取り組ませたい活動です。短時間でも繰り返し行うことが効果的です。

ねらい

顔を水につけ，目を開けたり，息を吐いたりする動作を身につけさせることで，潜る活動へつなげる重要な取り組みです。

活動概要（身につけさせたい力）

水に顔をつけることができるようにすることが目的ですが，水の中で目を開けられるようにします。水の中で息が吐けるようにすることができるようにもします。

授業の流れ

❶怖くないよ！1人で顔つけ！（1分）

洗面器などに水を入れておき，顔洗いと同じように，顔を水につけます。顔をつけることができたら，次は目を開けてみます。ここまでできたら，最後は，息を吐く（鼻からブクブクと）まで挑戦します。

❷プールで顔つけ！（2分）

大きなプールで顔をつけることは，これまでの洗面器での練習とは別世界です。プールサイドに掴まって「不安」「怖さ」を少しでも軽減しながら，顔をつけます。まずは5秒間の顔つけにチャレンジ！

❸2人で顔つけ競争！（7分）

　ペアの友だちと手をつなぎ，顔つけ競争をします。今まで1人で顔つけを してきましたが，ゲーム感覚で行います。目を開けられているか，息を吸っ たり吐いたりできているかを見取ることも忘れずに。

顔つけチェック！
競争の前に，交互に顔つけを してルールの確認をします。 耳までしっかり顔をつけられ て，水中で息が吐けているか をチェックします。ペアで 「OK！」「合格！」と確認し ます。

2人で顔つけ競争！
「顔つけ競争！　よーい，始 め！」の号令で始めます。手を つなぐことで，安心感が生まれ ます。また，先生はしっかり顔 をつけられているか，水中で息 が吐けているかなどをチェック し，声かけしていきます。

こんな場合，どうする？

Q：どうしても顔つけができない子は参加できませんか？

A：洗面器での顔洗いや顔つけをできる限り多く経験してもらいます。また，家 庭での練習も保護者にお願いしておくと，このような子は少なくなります。 どうしての場合には，先生とペアになり，水浴びや顔洗いへ戻ったり，ゆ っくり顔をつけさせ，少しでも参加できるようにします。

48

準備物 特になし

じゃんけん潜りっこ！

　水泳学習の実施される時期（6月）に実施します。水慣れの1つですが，「潜る」という，今までの活動からワンステップアップした内容です。じゃんけんをして，「潜る」というゲーム要素を取り入れながら取り組みます。

ねらい

　最終目標の頭の上まで潜ることは「音」が遮断されるため子どもたちにとっては「怖さ」につながります。しかし，「耳まで」「頭まで」と段階を追っていくことで前向きに取り組めます。

活動概要（身につけさせたい力）

　水に慣れてきたら，次の段階は「潜る」ことです。はじめは「耳まで」，次に「頭まで」水中に潜ることに焦点を絞ります。

授業の流れ

❶1人で潜れる？どこまで潜れる？（3分）

　顔つけに慣れてきたら，次は「潜る」です。1人でどこまで潜れるか確認してみます。手を頭の上に置き，ゆっくり潜らせます。「鼻まで」「耳まで」「頭のてっぺんまで」の順に行います。

❷2人で潜りっこ！「耳まで潜る！」，次は，「頭まで潜る！」（3分）

　手をつなぎ，「いっせ～いの，せっ！」で耳まで潜ります。それができたら，頭まで潜ります。耳から頭と段階を踏んで指導することが大事です。

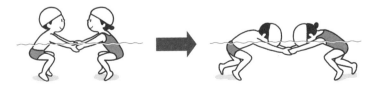

❸楽しく潜ろう！～じゃんけん潜りっこ！～（8分）

　２人組でじゃんけんをして，勝った方が潜ります（負けた方が潜るのは，マイナスのイメージがつくので，勝った方にしています）。潜るための，基準となるものを示します。はじめは「手のひら」を床に，次に，「お尻」を床にとします。

> ### はじめは床に手のひらタッチ！
> 「手のひら」を第一段階の目標として，何回か繰り返し行います。手を伸ばせば床につき，そこまで深く潜らずにすむので，「手のひら」としています。負けた相手は，手が床についているか見ていることも忘れずに！

> ### 最終目標はお尻を床に！
> 最終目標は床にお尻をつけることです。手のひらとは違い，お尻をつけるとなると，かなり深くまで潜らなければいけないので，なかなか難しい課題となります。十分に潜ることに慣れてきたら行います。

こんな場合，どうする？

Q：顔つけまではできるのに，「潜る」ことができない子にはどのような手立てが効果的ですか？

A：無理に潜らせるのではなく，ゆっくり顎→口→鼻→耳まで潜ること（顔に水がついても大丈夫な経験）を繰り返すことが大事です。耳までスムーズに潜れるようになれば，大丈夫だと思います。

49 　準備物 リング，ダイブボール，カゴなど

たくさん拾おう！

　水泳学習の実施される時期（6月）に実施します。水中にあるもの（リングや小さいボールなど）を潜って拾う遊び。水中にあるものを取るために，水中をよく見て探すので，必然的に潜る機会が保障されます。

ねらい

　拾いやすいものや拾いにくいもの，深さの違いによっても潜り方が変わってくるので，様々な状況で潜り方を学ばせます。

活動概要（身につけさせたい力）

　プールの底にあるものを拾う遊びを通して，潜ることを身につけます。プールの深さにより，潜る長さを伸ばすことも経験させます。

授業の流れ

❶浅いプールで宝拾い！〜個人戦〜（4分）

　第一弾は，少し浅めのプールで行います（浅めの場所を選び行います）。

　腰の高さぐらいの深さの場所で行えば，潜ることが少し苦手な子も顔をつけるだけで宝を取れることもあります。

　この浅めの場所での宝拾いで，取り組み方と自信をつけさせることが大事です。

❷深いプールで宝拾い！〜個人戦〜（4分）

　第二弾は，少し深くなった場所での宝拾いを行います。必然的に頭まで潜る回数が増えます。また少しだけ長く潜る状況もつくることになります。

❸宝拾い！チーム対抗戦！（4分）

　個人戦を経験し，宝拾いの楽しさがわかってきたところで，チーム戦を行います。たくさんある宝をチームで力を合わせて拾うゲーム要素を取り入れた活動を通して，楽しく技能を身につける機会とします。

＊勝ち負けよりも，たくさんの宝を拾うことをがんばっていた子を価値づけることが活動を前向きにするポイントとなります。

チーム戦で楽しく拾う！

プール全体に宝をまいて，一斉に宝拾いを行います。プールサイドに宝を入れる箱（カゴ）を準備しておき，拾ったものを入れることを約束します。一定の時間で区切り，勝敗を決めます。しかし，拾うことが苦手な子もいるので，宝をまく場所や物を選んだり，そっと宝を追加してあげるしかけをしてあげると，前向きに取り組む子が多くなります。

こんな場合，どうする？

Q：数多く取った子だけが活躍しないでしょうか？

A：もちろん数多く取る子もいますが，初めて取った子や1つ取った子など，細かな記録が大切です。また，取り組んでいる時に「長く潜れるようになったね！」や「拾いにくいものも拾えたね！」と，具体的な評価をしてあげることで，多く拾った子だけが評価されることのないようにしましょう。

50

準備物 特になし

ブクブク！パッ！

　動物（カニ・ワニ）のまねをしながら移動します。カニはしゃがんだ状態，ワニは手を使って移動するので，自然と顔に水がかかったり，潜ったりしなければならなくなりますが，楽しく活動しながら技能を高めます。

ねらい

　陸上で行うおりかえしの運動のプールバージョン。動物歩き（カニやワニ）をしながら全身で水の慣れを行います。

活動概要（身につけさせたい力）

　ボビング（水の中に潜って顔を出して潜って顔を出してを繰り返しながら，呼吸や移動をする動作のこと）しながら動物歩きで移動することができるようにします。

授業の流れ

❶その場でブクブク！パッ！（2分）

　その場でボビングをします。移動せずに「ブクブク！パッ！」と繰り返し行い，新鮮な空気が吸えることを実感させます。特に「パッ！」の時に声を出すことを伝えます。

❷移動しながら2人組でブクブク！パッ！（2分）

　友だちと手をつないで，リズムよくボビングしながら移動してみます。プールの横（約10m〜15m）で十分です。

118

❸カニ歩き　ワニ歩きで移動してみよう！（6分）

　カニ歩きは，しゃがんだ状態で安心してできる動きです。ワニ歩きは，顔しか水から出ていない状態と，カニとは全く異なった状態にあるので，順番としては，カニからワニの順で行うとよいです。

カニは今までの総復習！
カニ歩きは，ボビングをしながら横移動します。「ブクブク！パッ！」と息継ぎの練習になります。できない子は，手をつないで一緒に「ブクブク！パッ！」と唱えながら移動します。

ワニはいろいろできる！
プールの浅い場所やフロートの上を，手を使って移動します。少し深い場所になっても，がんばって歩きます。途中で，頭全部を沈めたり，教師が水をかけてあげたりといろいろなことができる運動です。

こんな場合，どうする？

Q：他に動物歩きを使った運動はありますか？

A：「イルカジャンプ」でしょうか。ジャンプして指先から入水する運動です。プールの床を蹴って，指先から入り，腕で頭を挟むように潜る動きの連続となります。しかし，最後に深く潜るので，十分に潜る経験をさせてから行った方がよいと思います。

51 準備物 特になし

クラゲ浮き　だるま浮き　最後は大の字浮き

　浮く姿勢を身につけることで，この先の「進む」ことが容易にできるようになります。何よりもリラックスすること（余計な力を抜くこと）がポイントとなることを学び，水中を「進む」活動へつなげます。

ねらい

　手足を脱力して浮くクラゲ浮き，体を丸めるだるま浮き，伏し浮きとほぼ同じ体勢となる大の字浮きの姿勢を経験し，伏し浮きへつながる感覚を養います。

活動概要（身につけさせたい力）

　息を吸って，体全体を水に浮かせる感覚を養います。体の力を抜き，リラックスした状態で浮く力を身につけさせます。

授業の流れ

❶伏し浮きより簡単！クラゲ浮きに挑戦！（2分）

　肩まで水に入って，浮く準備をします。顔を水につけゆっくり足を離します。体が浮き始めたら手足の力を抜いて浮きます。

❷だるま浮きに挑戦！（2分）

　クラゲ浮きから，足を抱えて体を丸めて浮きます。息を堪え，浮きます。より長く浮いていられるように挑戦してみましょう。友だちに背中を押してもらって，ドリブルのボールになるようなこともできるようになります。

❸最後は大の字浮きに挑戦！〜1人ができるかな？〜（8分）

　クラゲ浮きやだるま浮きで，少しずつ水に浮く感じが楽しくなってきたところで，両手両足を伸ばして「漢字の大の字で浮けるかな？」と先生がお手本を示しながら，大の字浮きに取り組ませます。

大の字成功！その次は？

できるだけたくさんの息を吸って，リラックスして長い間浮いていられるように，挑戦させていきましょう。大の字浮き（両手両足を伸ばした状態）ができるようになれば，「伏し浮き」もできるようになります。

みんなで大の字！

1人で大の字ができたら，2人で手をつないでみましょう。2人でできたら，少しずつ人数を増やしてみると，楽しさがもっと増していきます。

こんな場合，どうする？

Q：浮くことができない子には，どのような指導が必要ですか？

A：足がプールの床から離れることへの恐怖感から，体に力が入り浮けないことや，頭が上がり，重心が変わり沈んでしまうことが考えられます。
　　大事なことは，「顎を引くこと（おへそを見るように）」と「おなかをへこませること」の2点です。

52 準備物 特になし

友だちを引っ張ってあげよう！いかだ引き

　１年生の水泳学習で，１人で潜る・浮くことができるようになった後に，２人組で行う運動です。泳ぎの基本姿勢である「伏し浮き」が１人でできたら，次のステップである「前へ進む」につながる感覚を養います。

ねらい

　１人では進むことができなくても，友だちに引っ張ってもらいながら前へ進んでいる感覚と，水が体を通り過ぎると浮きやすくなることを学びます。

活動概要（身につけさせたい力）

　友だちに引っ張ってもらいながらでも，前に進む感覚を身につけながら，浮く姿勢を保つことを体感します。

授業の流れ

❶壁を使って伏し浮きの練習！（2分）

　ゆっくり床から足を離すことの練習の際に，プールの壁に掴まって練習をします。壁に掴まることで，体が安定する感覚を養います。

❷１人で伏し浮き〜その場で伏し浮き！〜（3分）

　大きく息を吸い，肩まで水に沈んで浮く準備をし，ゆっくり足を床から離します。自然と体が浮いてくるので，手足を少しずつ伸ばす「伏し浮き」をその場で行います。

❸引っ張ってもらって進もう！～いかだ引き～（5分）

　１人で伏し浮きができるようになったら，浮くことは合格です。

　次のステップは，「前へ進む」です。しかし，１人では進めません。そこで，友だちに引っ張ってもらいます。その時に水が体を通り過ぎていく（流れていく）と体が浮きやすくなることを実感します。

「進むって楽しい！」を味わう！

友だちに引っ張ってもらい，水の中を進む感覚を味わうことで，「泳いでいる」感じを体感できます。引っ張る子は，どうしても走りたくなりますが，ゆっくり歩くことを約束します。また，頭が上がると足が下がるので，「耳まで沈めて！」と教えてあげられるのが「いかだ引き」のよさでもあります。

こんな場合，どうする？

Q：引っ張る子がなかなか進めない場合には，どうすればよいですか？

A：１年生同士の活動ですので，あまり深い場所だと水の負荷がかかるので，比較的浅い場所で活動するとよいと思います。また，引っ張る子も，後ろ向きに歩くので，水の中を歩く経験をたくさんしておくと大丈夫です（水に慣れる段階でいろいろな歩き方を経験させておきましょう）。

ゴールイメージを大切に
～困り感を事前に考え・生かす～

　授業内容を考える時に，大切にすることはなんでしょうか。もちろん楽しく学ぶことや，しっかりと技能を身につけることなど，多くのことが考えられます。しかし，あれもこれも多岐に渡ってしまうと，授業で何を学ばせたいか，授業の核となるものがブレてしまいます。単元全体を見て，毎時間の計画を立てますが，私自身は次のステップを大切にしています。

①「身につけさせたい力」はどんなものなのかを明確にする

　最終的にどのような力を身につけさせたいかをしっかり見極めないと，クラスや子どもの実態と合わないことを授業中に学習させてしまうこともあります。実態に合った教材・指導法を事前に考えることが大切です。

②「見通しを持つ」ことで，困り感を事前に洗い出す

　扱う運動教材で子どもたちがどのような「困り感」を出すのか，事前に洗い出して予測することで，授業で発する言葉や扱う教材（運動内容）も変わってきます。単に「楽しそうだから」「盛り上がりそうだから」ということではなく，子どもたち自身の学びに向かう気持ちを前向き・意欲的に保ちながら，授業に参加させることができます。「できない子」「困りそうな子」の目線に立って授業計画を立ててみましょう。

③単元を全体で見て，ゴールイメージを明確にする

　単元が終了した時に子どもたちがどのような力が身についているのか，最後にあるべき姿を明確にし，１年生が終わる時には，「前向きに運動と向き合う気持ち」「全力で取り組む気持ち」が育めるようにしたいです。

　授業準備の段階で，以上のことに気をつけると効果的な授業ができます。学年の先生方・体育科の先生方と一緒に考えてみてはいかがでしょうか。

第5章

ゲーム

53

準備物 ボール（できるだけ空気を抜いて柔らかくしたボール）

パチパチキャッチ！

　学校生活にも慣れた，９月頃から始めるとよいでしょう。この頃には，友だちとの関わり方も少しずつ分かり始め，お互いに運動する姿を見て，「私も上手になりたい！」という意欲を高め合うことができる運動です。

ねらい

　ボールの扱いになれることで，休み時間の遊びも変わります。しかし，近年子どもたちを取り巻く環境の変化により，ボール遊びの経験が非常に少ないこともあり，簡単なボール操作からスタートします。

活動概要（身につけさせたい力）

　投げ上げたボールの落下地点に入り，ボールを捕球できるようにします。ゲーム性を取り入れ，「もっと上手になりたい！」という意欲を育みます。

授業の流れ

❶まずは，投げ上げ～キャッチ！から始めよう（5分）

　１年生はボール遊びの経験の差が大きいのでこの活動を通して一人ひとりの力を見取ります。投げ上げ方や捕球の仕方など簡単に指導してから取り組ませます。

❷拍手１回！パチッとキャッチ！（5分）

　投げ上げキャッチができるようになってきたら，次の段階へ。投げ上げて手を叩き，捕球します。「手を叩く」という動作が１つ入ることで，難易度が上がります。どうしたら手を叩くことができるのか，子どもたちは自然と少しでも高くボールを上げようとします。この動きを繰り

返すことで，投げ上げる力を身につけさせます。「パチッと手を1回叩けたら，赤帽子！」とするとどのくらいの子ができたのかを見取ることができます。

❸何回パチパチできるかな？（10分）

「先生1回叩けたよ！」という子が報告しにきてくれます。そこで，「何回叩けるかな？」と投げかけると，今まで以上に意欲的に取り組む子どもたちが増えていきます。

上手にできている人は？

「何回も手を叩けているのには理由があるかな？」と全体へ投げかけ，友だちの取り組む様子を見ることを大切にすることを伝えます。
どうすればうまくなるか見方を養う機会としても大切にしたい場面です。

自己新記録へ挑戦！

友だちの投げる姿を参考にして，より高く投げ上げるためには，腰をぐっと落として体全体を使って投げ上げることを確認します。
叩けた回数を記録すると，自分の伸びも実感できるので，帽子を赤帽子にするなどの工夫をすると，より前向きに取り組みます。

こんな場合，どうする？

Q：ボールを怖がってしまい，捕ることができません。

A：準備物の中でも書きましたが，「怖い」や「痛い」を少しでもなくすための方策として，ボールの空気圧を低くしたものを準備します。これだけでも大きな違いがあります。柔らかいボールで捕球に慣れてきたら，少しずつ固いボールへと変えていきます。

54

準備物 ボール（できるだけ空気を抜いて柔らかくしたボール）

いろいろ投げ上げキャッチ！

投げ上げキャッチが身についた後には，パチパチキャッチで楽しく友だちと回数を競い合う姿が見られるようになります。他の動作を入れると，さらに難易度が増し，楽しさも倍増！　できた時の達成感を大いに味わわせたいです。

ねらい

「こんなことができるとすごくない？」と子どもたちには「ドキドキ・ワクワク」を味わってもらい，多少困難なことにチャレンジさせて「できた！」を共有します。

活動概要（身につけさせたい力）

動作を1つ追加することでさらに高く投げ上げることが必要になります。また，確実に落下地点に入り，捕球する力を身につけさせたいです。

授業の流れ

❶新記録を目指せ！パチパチキャッチ！（5分）

個人の記録更新を目指して取り組みます。まずは3回を目指して取り組んでみて，できたら帽子の色を変えさせます（帽子の色を変えることで，即時評価がしやすくなります）。クラスの中で何人かの帽子の色が変わったら，全員集合し，次の活動「できた人はどこが上手？」へ進みます。

❷できた人はどこが上手？（できた人発表会）（5分）

「上手に投げ上げキャッチができる人は，どんなところが上手？」という投げかけに，「ここじゃないかな？」と1年生でも自分なりの解釈を持ちます。その点をみんなの前で発表する機会を意図的に設けることはとても大事です。自分の考えを，自分の言葉で表現することは，1年生のこの時期から育んでいきたい力です。

❸こんな捕り方できるかな？ (10分)

　パチパチキャッチ以外にどんな捕り方があるか，子どもたちに提案します。子どもたちはいろいろな捕り方を考えますが，「先生からの挑戦状！」として，「地面にタッチ！キャッチ！」と「1回転くるりん！キャッチ！」の2つを取り組ませると，一気に難易度が上がり，一生懸命取り組む子が増えます。

地面をタッチ！

地面に手をタッチして，ボールを捕るには，地面にタッチする時間を確保しなければいけません。「時間の確保＝ボールを高く投げ上げること」に気がつけばOK！難易度の高い活動ですので，この活動は今までよりも高くボールを投げ上げられることを認め・褒めます。キャッチできたら，みんなの前で発表します。

くるん！とキャッチ！

だんだんと投げ上げることに慣れる子どもたちが増えてきます。そこで，今までとは難易度が大きく違うその場で1回転してキャッチすることを提案します。なかなか難しい技なので，粘り強くチャレンジすることを大事にしていきます。

こんな場合，どうする？

Q：「パチパチキャッチ」もできない子には，何を課題とすればよいですか？

A：「ワンバウンドでキャッチできれば合格！」にします。とにかく拍手が1回でも叩けるぐらい高く投げ上げることに焦点を絞ってチャレンジさせてみることが大事です。「できそう！」「できるかも！」を全員が味わえる状況を学級全体にも伝え，前向きな雰囲気をつくり出しましょう。

55

準備物 ボール（できるだけ空気を抜いて柔らかくしたボール），ライン（幅はおよそ 50cm 刻みで5・6本書けるとよい）

何点取れる？どこまでキャッチ！

投げ上げたボールを確実に捕ることができるようになった後に行います。前方へ投げたボールの落下地点に入り，キャッチします。ゲーム性を取り入れ，点数化することで，自分の力の伸びを実感することができます。

ねらい

日々の遊びの中で，ボール遊びの機会が少なくなった現在，ボール操作の基本となる捕球動作を身につけ，ボールゲームに必要な技能を身につけます。

活動概要（身につけさせたい力）

ボール操作の基本動作（投げる・捕る）を身につけます。ここでは，特に投げ上げたボールを落下地点に入り捕球することを第一とします。

授業の流れ

❶どこまで投げられる？（5分）

子どもたちは，ここまでに投げ上げる動作中心に取り組んできました。この教材から，ボールを前に投げる運動に入ります。校庭にラインを引き，
「ボールをどこまで投げられる？」と投げかけ，できるだけ遠くまで投げます。投げ方は，投げ上げと同じく下投げ（両手）で行います。最高記録は「今日の一番！」として大いに褒めてあげましょう。

❷投げ上げキャッチボール！（5分）

一定の距離をとって，下投げのキャッチボールをします。キャッチボールも❶のラインを使って，ペアでキャッチができたら「1本ライン広げてみよう！」と声かけして，距離を広げていきます。

❸何点ラインで捕れるかな？（どこまでキャッチ！）（10分）

投げ上げキャッチボールで，前へ投げ上げる技能が身についてきた子どもたちは，少しゲーム性を含めた活動へ進みます。「どこまでキャッチ！」で，ボールをしっかり捕まえることを楽しく学びます。

何点で捕れるかな？
本校には，校庭にラインがすでに引いてあります。スタート地点から「ライン1本目のところでキャッチできたら1点！」と目標を明確にして取り組ませます。すると，「先生！　○点で捕れたよ！」と報告にくる子がいっぱいです。

目指せ！ナイスキャッチ！
ラインの本数で点数化することで，自分自身の技術の向上が可視化できるだけではなく，即時評価もしやすくなります。「○○さん！　○点！　前回よりも遠くで捕れたね！」と子どもたちのがんばりを具体的に褒めてあげられる絶好の機会となります。新記録を目指せる声かけを大切に！

こんな場合，どうする？

Q：ボールを前へ投げることができない子はどうすればよいですか？

A：まだボールの投げ上げのみの指導なので，2人で下投げキャッチボールをたくさん経験させるとよいでしょう。少しずつ距離を広げていきながら，そして「ワンバウンドで捕れたらOK！」として，前へ投げる感覚を養う機会を保障してあげることが大事です。ラインが残っていれば，休み時間に一緒に遊びながら，経験値を高めていきましょう。

56

準備物 ボール（少し空気を抜いて柔らかくしたボール），ライン（幅は1〜2m刻みで2・3本書いておくとよい）

「大」からスタート！壁ぶつけ

　校庭に投てき板があれば，自然と行う壁ぶつけ。日常でボールを使って遊ぶ機会が少なくなり，「投げる」経験は低学年（特に1年生）で身につけたい力です。9月はじめに取り組み，休み時間の遊びを変えることも目的の1つです。

ねらい

　投げる動作を身につけると，多くの運動に活用できます。今後子どもたちの運動の幅も広がるので，この教材では楽しく学ばせることを大切にします。

活動概要（身につけさせたい力）

　一定の距離でボールを投げることができるようにします。壁ぶつけは，跳ね返ってきたボールを捕球する力（捕球動作）も同時に育みます。

授業の流れ

❶体で「大」の字を表現して！（5分）

　言葉で投げ方を教えても，1年生が理解することはなかなか難しいです。そこで，ボールを投げる姿勢は漢字の「大」（漢字学習が始まれば子どもたちも理解できます）をイメージさせ，体で表現させるとよいと思います。そうすることで，ボールを投げる際の体の「ひねり」もしやすくなります。

❷線を跨いで！ど〜す，こい！（5分）

　ボール投げで押さえておきたいポイントは，「重心の移動」と「体のひねり」です。特に「重心の移動」は子どもたちにとって体現しにくいことで，その動きを身につけるためのしかけとして，「線を跨ぐ」ことを伝えます。跨ぐことで前に重心がかかります。そして合言葉として「ど〜す」の時に足を上げ，「こい！」で線を跨ぎ投げるようにします。「体のひねり」の際はボールを持った手は，「ボールを離した後に，前に出した足を触るようにして

みるといいよ！」と伝えます。この投げ方を「どすこい投げ」と言っています。

❸何点ラインからど〜す，こい！（10分）

　自分で決めたライン（得点）を達成すると，さらに意欲・達成感が増します。それだけではなく，クラスメイトの友だちの声かけも変わってきます（すごい！　何点とれたね！）（昨日よりも遠くから投げられた！）。

> ### 何点の線から投げられるかな？
> 点数化することで，子どもたちの意欲も高まります。はじめは全員同じ距離（壁から2m）からスタートし，直接ボールが壁にぶつけられたら，1m下がるようにします。最大で5mぐらいまでできれば，合格です。
> ＊丁寧に投げることを忘れずに！

> ### みんなで確認！
> 上手に投げられる子は，どこが上手か，①重心を後ろから前へ移す。②利き手と逆の足を前に出す。
> みんなで確認します。学習した内容を全員で確認することで，友だちの投げ方を見るポイントが定まり，子ども同士の声かけも変わります。

こんな場合，どうする？

Q：うまく投げられない理由にはどんなことが考えられますか？

A：その原因は，手だけで投げようとすること，同じ側の手と足が出てしまうことにあります。そのために「大の字から，ど〜す，こい！」や「後〜ろ！前！」と合言葉にしてみると楽しみながら技能が身につきます。時には，教師が背中側に立ち，腕を持って一緒に投げてあげると，投げた感覚を掴みやすいかもしれません。

57

準備物 ボール（できるだけ空気を抜いて柔らかくしたボール），コート（大きさは横2m，縦3～5m）＊縦の大きさが違うのは，投能力に応じて設定

逃げずに捕ろう！はしごドッジボール

投げる経験を積み重ねてきたら，ゲーム要素を取り入れ，投捕の機会をさらに積み上げます。単に壁ぶつけの繰り返しでは，前向きな取り組みも長続きしません。楽しみながら投捕の経験値を上げていきます。

ねらい

休み時間に上級生が遊んでいるドッジボール。1年生にとっては憧れです。さらに投捕の経験値を高めるために，楽しみながらドッジボールに挑戦します。

活動概要（身につけさせたい力）

1年生なので，ルールは複雑にせず，攻撃（投げる・当てる）と守備（捕る・守る）を区別して行い，それぞれバランスよく経験値を高めます。

授業の流れ

❶始まりと終わりの儀式は丁寧に！（2分）

これから数多く行うボールゲームのはじめの一歩です。対戦する前と終わりには，きちんと挨拶をすることを指導します。「並びっこ」のように，整列できたチームからボールを配ったり，大いに褒めたりとゲームする時間を大切にすることも同時に学ばせます。

はじめの儀式（よろしくお願いします！）

終わりの儀式（グータッチ！）

❷当てたら何点？捕ったら何点？（20分）

　ゲームは，攻守交代型で行います（攻めは攻め。守りは守りと区別した形）。ゲームは，得点化すると盛り上がりますが，はじめは当てたら1点だけとして得点が複雑にならないようにします。経験が多くなったら，捕ったら1点というルールも追加します。

跨ぐ！体をひねる！

ゲームが始まると，投げ方がいい加減になりがちです。そんな時こそ，学習したことを声かけします。「線をしっかり跨いで！」や「お～そは前を向いている？」「ど～す，こい！」など学んだことを生かして楽しむ時間にしたいです。

捕ると気持ちいい！

「ボールを捕れたら得点だよ！」とゲーム前に伝えると，これまでに学習した①ボールをよく見よう！，②手を広げて構えて待つ！ことができている子が多くなります。捕れなくても，「よくボール見ていたね！」や「ナイスチャレンジ！」と声かけをします。

こんな場合，どうする？

Q：ボールを怖がって，逃げてばかりの子はどうすればよいでしょうか？

A：まずは投げることで自信をつけさせ，捕ることに焦点を絞って取り組ませるために，「捕れたら得点は2倍！」と特別ルールで意欲を高めます。また，捕ることができたら「よく捕れたね！」「今の捕り方上手！」と褒めてあげることも大事です。

58

準備物 ボール（少しだけ空気を抜いて柔らかくしたボール），ライン（1〜2m刻みの線で2・3本）

蹴っとばし壁ぶつけ！

ボールを蹴る経験がほとんどない子もいる現状で，「ボールを蹴る」機会とします。投げる壁ぶつけと同様に，まずは壁に向かって蹴ることからスタートします。

ねらい

これから上の学年で行う「たまご割りサッカー」へ向けて，正確に（狙った場所に）ボールを蹴る経験を積ませるだけではなく，思い切りボールを蹴る爽快感も味わわせます。

活動概要（身につけさせたい力）

ボールのどこを蹴るか，足のどこを使うと正確に蹴れるのか，強く蹴るためには足のどこを使って蹴るかなど，一つずつ確認しながら取り組みます。

授業の流れ

❶足はどこに？（5分）

ボールを置き，それと軸足をライン付近にするための目印にすることで，蹴るポイントが明確になります。壁に直接ボールが当たり大きな音がしますので，そこで「いい音！」と褒め，「いい音の人が増えてきたよ！」と伝えながら進めていきます。

❷蹴っとばし！壁ぶつけ！（15分）

　壁に向かって蹴りますが，はじめは全員同じ距離から蹴ってみます。その後少しずつ距離を広げていきます。ボールが壁に当たる距離が遠くなるにつれて，強くボールを蹴ることが求められるので，助走からのボールの蹴り方についても指導します。

壁に向かって蹴ってみよう！
壁に向かって思い切り蹴る練習をしてみます。ボールを最後までよく見て，蹴ります。たくさん助走をとろうとする子がいますが，1〜2m後ろに引いてあるラインぐらいからにしようと伝えます。

みんなで見てみよう！
上手に蹴れている子の，助走のからボールの蹴り方について，みんなで確認します。ボールに向かって真正面だとなかなか強く蹴れないので，少し斜めからボールに向かって走り，蹴ることを共有します。

こんな場合，どうする？

Q：うまく蹴れない子にはどうすればよいでしょうか？

A：「最後までボールをよく見ること」を伝えます。そして，助走なしで，リズムに合わせて「1・2のキック！」でボールを蹴らせ，蹴る感覚を養わせるとよいと思います。そして，少しずつ助走距離を伸ばし，「1・2・3のキック！」と口伴奏しながら取り組ませるとよいでしょう。

59

準備物 ボール（少しだけ空気を抜いた柔らかいボール），目印となるコーン（ディスクコーンでも可）＊5m・10mの距離にラインを引く

どこまで飛ぶかな？どこまでキック！

「蹴っとばし壁ぶつけ」の後に行います。壁に向かって蹴れるようになったら，次のステップとして「どこまでキック！」につなげます。この教材は，とにかく強く蹴りボールを遠くまで飛ばすことに特化した教材です。

ねらい

今後行う，「たまご割りサッカー」や「キックベース」へつなげる教材ですが，「遠くへ！」「強く！」蹴ることに焦点を絞って行います。

活動概要（身につけさせたい力）

蹴る時に，「あそこまで蹴飛ばしたいな！」と目標設定を自分自身で行い，その目標へ向かって全力で蹴ります。強く蹴る時には，どこに注意して蹴るかを友だちの姿を見て考える時間も大切にします。

授業の流れ

❶コーン目がけて！思い切りキ～～ック！（10分）

目標物（本単元では，5mと10m先にコーンを並べておきました）を決め，そのコーン目がけて思い切り蹴飛ばします。気持ちばかり焦ってしまい，「蹴っとばし壁ぶつけ」で学んだことを忘れてしまいがちですが，お互いに蹴り方を見合って，声をかけ合いながら自己新記録を目指します。

❷どこまで飛ぶかな？どこまでキック！（10分）

　休み時間にはボールを思い切り蹴ることができませんが，この時間だけは思い切り蹴ることができます。4人1組で，5mのラインをノーバウンドで直接越えたら1点。10mを越えたら2点とゲーム要素を取り入れて行います。

「どこまで〜！　キック！」の
かけ声を！
グループの仲間が蹴るタイミングに合わせて，かけ声をかけることでゲーム全体が盛り上がります。また，「キック！」の時に力を入れることも感覚として覚えさせるとより遠くへ蹴ることができます。

遠くまで届くと気持ちいい！
ボールを蹴る時に，「いつ」「どこで」力を入れるか確認しながら取り組みます。友だちのキックには，「ナイスキック！」や「新記録！」など声かけをすることを忘れないようにします。

こんな場合，どうする？

Q：遠くへ飛ばすことを，すぐに諦めてしまう子はどうすればよいですか？

A：遠くへ飛ばすことも大事にしたいですが，ボールを思い切り蹴ることで体感する「爽快感」を味わわせることも伝えます。また，「前回よりも遠くなった！」や「蹴り方が上手になったね！」と具体的な即時評価を心がけます。

60 手つなぎ鬼

準備物 特になし ＊ただし，鬼遊びをする範囲としてコートを使用すればラインを引く必要がある

　普段行っている「鬼遊び」のほとんどは，自分のねらう子を決めて追いかけます。しかし，手をつないで追いかけると，動きが制限されるなかで追いかけることになるので，その違いを感じながら取り組みます。

ねらい

　休み時間にも取り組める鬼遊びの１つ。鬼になった時に誰を追いかけるかを瞬時に見極めたり，仲間になった鬼同士で対話しながら取り組み，ねらう相手を決めながら，追いかけます。

活動概要（身につけさせたい力）

　鬼から逃げる立場の子は，人のいない場所を選び逃げることを学び，鬼の立場の子は，仲間の鬼同士でねらいを決めて追いかけることを身につけます。

授業の流れ

❶いつもの鬼遊び！先生が鬼！（5分）

　はじめは，休み時間に行っている鬼遊びをします。「鬼は誰にする？」と聞くと，走るのが速い子や鬼遊びが好きな子など鬼をやりたい子は大勢いますが，「鬼は先生！」というと，大喜びする子と「え～～っ！」と悲鳴のような声を上げる子など様々です。大切なことは，この鬼遊びで，子どもたちがどのような動きをするのかを見取ることです。

　また，鬼役を子どもたちに交代し，鬼が１人の場合の動きやすさを体験させます。

❷手つなぎ鬼を体験しよう！（15分）

いよいよ手をつないで鬼遊びを始めます。「動きにくい！」「何か変！」という違和感を口にする子がたくさん出てきますが，鬼役と逃げ役両方を何度か経験させて，作戦会議の成果が出ると，少しずつ盛り上がっていきます。

誰をねらう？
作戦会議をしてからね！

鬼遊びが始まる前に２人で作戦会議をしてから始めます。「どうする？」「どう走る？」など１年生でも友だちとの対話の時間を大切にします。話し合いの内容も共有できると，攻め方の参考になります。

作戦通りにいくと
気持ちいい！

２人，３人の息がピッタリ合って作戦通りにいくと歓声が湧きます。写真のように，手を広げたり，コートの端に追い詰めたりと自分たちの考えを，実現（再現）できる喜びを多く味わえると，「楽しい！」が増えていきます。

こんな場合，どうする？

Q：鬼になった仲間とうまくコミュニケーションがとれない場合はどうしますか？

A：鬼になったら，それぞれの考えを実行したいのは誰でも同じです。「今回は，私の考えで！」「次はあなたの考え方で！」とお互いの考えを交互に取り組ませたいです。この積み重ねが，友だちとの関わり方の勉強にもなります。

逃げるが勝ち！じゃんけん鬼ごっこ

　子どもたちの大好きな鬼遊びとじゃんけんを組み合わせた活動。集団の中で行うことが多い鬼遊びですが，1対1の鬼遊びという珍しい形での鬼遊びを通して，相手の動き（身のこなし）をよく見ることを大切にします。

ねらい

　じゃんけんの勝敗で，鬼役と逃げる役を瞬時に決める鬼遊びです。今まで経験してきた鬼遊びは，タッチされるだけで鬼になりましたが，これはじゃんけんというゲーム要素を取り入れた鬼遊びです。

活動概要（身につけさせたい力）

　瞬時の判断力と，全力で追いかけたり，全力で逃げたりすること。1対1の鬼遊び（ねー，ねー，ねー，ねこ！）のアレンジバージョンとして扱います。

授業の流れ

❶じゃんけんゲームで楽しもう！（5分）

　まずは，じゃんけんゲームで誰とでも対戦できる環境づくり（風土づくり）から始めます。図のように，じゃんけんをして，3回勝ったら勝ち抜けという簡単なものです。

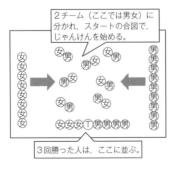

2チーム（ここでは男女）に分かれ，スタートの合図で，じゃんけんを始める。

3回勝った人は，ここに並ぶ。

❷相手は誰でも OK！ルールもいろいろ！（15分）

　この鬼遊びのよさは，誰とでも対戦ができるところにあります。いつもと同じペアではなく，いろいろな友だちと対戦できる場を意図的に設定し，楽しく活動させます。また，ルールも「勝った人が鬼！」「負けた人が鬼！」など柔軟に変えられるのもこの鬼遊びのよさです。

はじめはゆっくりでもOK！

ゲームが始まると，「勝った！」「んっ？」「逃げる？」「追いかける？」。瞬時の判断ができない子が多く見られます。この姿も楽しめる要素の１つです。「次は少しでも早くできるといいね！」と間違いを許容できる環境づくりが，この鬼遊びでは大切です。

素早い判断！GOOD！

回数を多く経験すると，瞬間・瞬時の判断力が育まれます。ゴールゾーンへ向けて全力で走り抜けられたら，「勝ち！」の経験も高まります。

こんな場合，どうする？

Q：走ることが苦手な子には，どのような工夫ができますか？

A：ゴールまでの距離を短くしてあげることでしょうか。決して全員同じ距離で行わせなくてもいいと思います。「少し短い距離から始めてみない？」と安心感を確保してあげてから，徐々に距離を伸ばして経験値を高めましょう。

準備物 特になし ＊ただし，鬼遊びをする範囲としてコートを使用すればラインを引く必要がある

ドラキュラ

「ドラキュラ」は子どもたちにとって怖い鬼のようなイメージがあります。しかし，取り組むと，その楽しさに引き込まれます。この鬼遊びは，「よける」「かわす」ことを焦点化し，「ドラキュラに捕まるな！」を合言葉にします。

ねらい

少人数からスタートし，逃げる役には「よける」感覚を養い，鬼役には「捕まえる」爽快感を体感させます。最終的には，クラス全体で取り組む鬼遊びへ進化していく楽しさもあります。

活動概要（身につけさせたい力）

視野の狭い1年生に対して，「かわす」「よける」という経験を積み重ね，この先に行うボールゲームへつながる動きを身につけます。

授業の流れ

❶お試しゲームのドラキュラ！（5分）

1年生は「捕まる」と悲しい・悔しい気持ちが強くなり，その後の活動への参加意欲がなくなる子が多く見られます。しかし，「ドラキュラ」は捕まったら「ドラキュラに仲間入り」という楽しさがあります。しかし，簡単に捕まっては楽しくありません。そこで，少人数でお試しゲームを経験させます。「逃げられた！」「ドラキュラにならずにすんだ！」という前向きな声がたくさん聞こえるお試しゲームから始めます。

❷何人抜けられた？ドラキュラから逃げて！逃げて！ （15分）

　少人数から少しずつ鬼を増やし，最終的に鬼が5人〜10人程度で行います。鬼選びは，指名制（日付，くじ引きなど）で行います。「よーい！　始め！」で同時にスタートし，安全ゾーンまで逃げ切ることができればOK！

何人抜けられた？

ゲーム当初は，逃げるスペースが多くあるので，簡単には捕まりません。しかし，少しずつ鬼役が増えてくると，スペースが限られてきます。そこで，スタート前にドラキュラの位置の確認タイムを設けます。1年生でもじっくり鬼の位置を確認し考えながら取り組めます。

最後は，勝利の儀式！

何回かゲームを繰り返し行い，結果発表の時間です。ドラキュラに捕まらずに最後まで残った子は，大いに褒めてあげます。そして，体全体で喜びを表現させます。私は「勝利の儀式」と名づけています。「バンザーイ！」を経験してスッキリと終えましょう！

こんな場合，どうする？

Q：鬼がたくさんいると，怖がる子にはどうすればよいでしょうか？

A：簡単に「逃げる」「かわす」「よける」ことができる場の設定をつくります。また，なかなかスタートできない子には，10秒以内にスタートしなくてはいけないルールをつくるなど，制限時間を設けることをおすすめします。

宝運び

　短時間で運動量が確保できるので，冬の寒い時期に適しているゲーム（鬼遊び）です。自分の陣地にある宝をどれだけ得点ゾーンに運べるか。お邪魔役の動き（3対1の状況）を見ながら，宝を運ぶ楽しさを味わいます。

ねらい

　宝（玉入れの玉やボール）をゴールまで運びます。ゴールのカゴに，制限時間内に，いくつ運べるか。また，ゴールの途中にお邪魔役が入った時にどのような動きをするか，相手をよく見て動く力を養います。

活動概要（身につけさせたい力）

　ボールゲームのボールを持っている時，持っていない時の動く力を養い，お邪魔役の動きを見ながら動く力を養います。

授業の流れ

❶カゴに宝を運ぼう！（3分）

　たくさんある宝をゴールのカゴに入れます。制限時間だけを設け，何もないコートの端から端まで，全力で運ぶ楽しさを味わいます。

❷宝運びをしよう！（3対0）（5分）

　コートの所々にコーンを置き，そのコーンを避けながら宝をカゴに入れます。お邪魔役なしですが，コーンをお邪魔役と見立てて，いろいろなコースを自分で考えながらゴールとなるカゴまで進みます。

❸本番！宝をいくつ運べるかな？（12分）

　メインゲームは，お邪魔役が1人入った3対1の状況での宝運びゲームを行います。3人1組をつくり，お邪魔役（ディフェンス：守り）と対決します。お邪魔役はタッチすれば勝ち！　どのような攻め方をすればよいか考えてゴールを目指します。

3対1の状況を！
「お邪魔役が1人入るよ！みんなはどうする？」。場面・状況を説明して考える時間を設定します。お邪魔役より2人多い状況なので，確実に得点するためにはどうするか考えながら取り組ませます。

お邪魔役にとっては1対1！
宝を運ぶ側は3対1ですが，お邪魔役の立場では，1対1となります。必然的に残り2人は，どのような動きをするか，取り組んでいる様子をタブレット端末で撮影し，巻き戻して見る場面も設定しながら，アウトナンバーの動きを学びます。

こんな場合，どうする？

Q：お邪魔役が怖くて，スタートできない子はどうすればよいですか？
A：制限時間内であれば，何回もチャレンジする機会があるので，「次がんばってみて！」と声かけしながら取り組ませるとよいと思います。

64

準備物　特になし　＊ただし，鬼遊びをする範囲としてコートを使用すればラインを引く必要がある

子とり鬼

　逃げる子を鬼が追うのが一般的な鬼遊びの形です。しかし，縦一列に並んだ最後尾の子を鬼がタッチするという今まで経験してきた鬼遊びとは，少し感じの違うものです。最後尾の子を守るために必死に守ります。

ねらい

　班ごとの関わり合いの機会の一環として行います。1年間変わらない班のメンバーとの鬼遊びを通して，関わり合いを深め，メンバーとのつながりを実感します。

活動概要（身につけさせたい力）

　鬼は，俊敏な横移動の動きが大切。逃げる子たちは一体感を大切にします。鬼も逃げる子も，機敏な横の動き（左右の移動：サイドステップ）が重要です。

授業の流れ

❶離れちゃダメ！イモムシ歩き！（2分）

　p.149の写真を見て分かるように，最後尾の子を守るために肩に手を置き，離れないようにします。この動きは，学期はじめの「おりかえしの運動」でも行っている「イモムシ歩き」と同じです。そこで，「子とり鬼」を行う前段階で，「イモムシ歩き」を経験させておきます。「肩から手を離さないように気をつけて！」と声をかけながら取り組みます。

　すると，「子とり鬼」へスムーズに入ることができます。

❷子とり鬼に挑戦しよう！ （18分）

　鬼は交代制で全員が経験できるようにします（時間を区切って，タッチできたら１点などルールを決めておきます）。活動後には，「鬼を経験してみてどうだった？」「守りをしてみてどうだった？」と両者の立場で振り返りをすることも忘れずに行います。

絶対に守るぞ！

最後尾の仲間を守るために，先頭に立つ子は「みんなを守るための重要な役割です」と伝えます。子どもたちは，両手を広げて仲間を守ろうと必死になります。「守り方が上手だね！」とか「これは攻めにくいな！」と褒めてあげると守り方も大きく変わります。

横移動の繰り返し！

子とり鬼で大切な動きは，左右の動きと，動きの強弱です。写真のように，鬼の動きでお手本になるような動きをしている子は，みんなの前でお手本として発表してみます。「こういう動きか！」「自分の動きとは違うな！」と気づきを大事にしたいです。

こんな場合，どうする？

Q：鬼の動きがわからない子には何と言って指導すればよいですか？

A：一緒に鬼役をしながら，鬼の動きを何回か体感させます。その後は，逃げる子の役を「先生」が行い，「先生にタッチしたらあなたの勝ちだよ！」とわかりやすい場の設定をします。鬼がタッチしやすいように，先生はゆっくり動きます。少しずつ自信をつけてあげることが大切です。

子どもたちの歩みの サポートをする ～一人ひとりの処方箋をつくる～

　日々の学校生活で子どもたちは，様々な表情を見せてくれます。友だちとの関わり方が上手な子，苦手な子。体育が得意な子，苦手な子と様々です。苦手だから，不得意だからといって「やらない」とはせずに，一人ひとりのこれからの歩み，これまでの歩みをサポートすることを大切にします。

　サポートには，「日々の生活・性格を的確に捉え，授業に生かす」ことを大切にします。生活の中で一人ひとりそれぞれの色（個性）があります。その個性をきちんと捉え，その子に合った指導を行うことが授業で生かせるように計画を綿密に立てる必要があります。

　そのためには，以下の２点を心がけることが大切だと思います。

・「一人ひとりの考えを汲むことができる教員であること」

→私たち教師はコーディネーターであるべきだと思います。授業での先導をするだけではなく，その子にあった指導やクラスへの働きかけの仕方など，思いや考えを汲んであげる気持ちを忘れないことが大事だと思います。

・「一人ひとりの処方箋を持っていること」

→休み時間のがんばりや日記の内容，補助簿を効果的に使い，授業内に生かすことができるようにします。例えば，「休み時間にがんばって練習してここまでできるようになったよ！」と全体の前で発表させます。

　お医者さんのように，一人ひとりの処方箋を持つことで，すぐに対処ができます。特効薬はありませんが，安心感を与えられる役割になることを念頭に置きながら授業を楽しみましょう。

第6章

表現リズム遊び

65 体でじゃんけん！じゃんけん！ポン！

　4月の授業開きで行うことができます。誰もが知っているじゃんけん。しかも，表現の仕方がとてもシンプルなので，すぐに活動することができます。太鼓のリズムに合わせて，体をいっぱい使って取り組めるようにします。

ねらい

　子どもたちはゲーム的な要素がある活動を好みます。特にじゃんけんは，様々な場面で使います。そこで，普通のじゃんけんではなく体を使ってじゃんけんを学び，今後の授業でも活用できるようにします。

活動概要（身につけさせたい力）

　仲間づくりを目的の第一とします。体をいっぱい使って歩きながら，友だちとの楽しい時間を共有します。

授業の流れ

❶まずはじゃんけん大会！（2分）

　まずは，太鼓のリズムや音楽に合わせて歩くことから始めます。恥ずかしがらずに，楽しい時間を共有することが大切です。

❷移動は基本的にスキップで楽しく動こう！～お試しゲーム～（3分）

　移動は基本的にはスキップにします。この他にも，「手拍子しながらスキップ」「ツーステップ」など学習した走り方や，「ペンギン」「カンガルー」など動物歩きを表現しながら，移動します。

　そこで，目と目があったら体全体を使ってじゃんけんをします。

❸本番！体でじゃんけん大会！〜３回勝ったら先生のところへ！〜（5分）

　お試しゲームを経験して，本番ゲームに入ります。対戦する時には，「か〜ら〜だ〜で〜じゃんけん！　じゃんけん！　ポン！」と大きな声を出すことと大きな身振り手振りをすることを約束してからスタートします。

> **大きな声で！**
> **か〜ら〜だ〜で〜じゃんけん！**
> 表現遊びは，心と体を解放することが大事！　大きな声と大きな身振り手振りができているペアは，「元気な声でいい！」「笑顔もいいね！」と大いに褒めてあげます！

> **勝敗も大事！それよりも**
> **元気に活動している子がいい！**
> ３回勝てば勝ち抜けのゲームを行いますが，ねらいは体を使って表現することを楽しむことです。表現活動とゲーム要素を取り入れた活動を通して，仲間づくりを楽しみます！

こんな場合，どうする？

Q：恥ずかしがる子や，動きが小さい子にはどのような声かけが必要ですか？

A：まずは，同じ時間を共有することから始めます。そして，少しずつ体を使って表現する楽しさを体験させます。授業で扱った動物歩きをすることで，ハードルが下がり「やってみよう」という気持ちになります。

66

準備物 リズム太鼓（音楽を流すことでも可）

いろいろな歩き方で歩いてみよう！

4月の授業開きで行うことができます。しかし，スキップができない子もいるかもしれないので，「できなくても大丈夫！」「とにかく楽しく！」「体全体を使って！」と心の解放を大切にします。

ねらい

リズムに合わせて歩くという経験は少ないと思います。経験があったとしても，行進のようなものでしょう。そこで，いろいろな歩き方を通してその楽しさを味わいます。

活動概要（身につけさせたい力）

仲間づくりを目的の第一とします。体いっぱい使って歩きながら，友だちとの楽しい時間を共有します。

授業の流れ

❶自由に歩こう！（2分）

まずは，太鼓のリズムや音楽に合わせて歩くことから始めます。恥ずかしがらずに，楽しい時間を共有することが大切です。

❷スキップで楽しく動こう！（3分）

スキップの時は，腕を大きく振ったり，腿を上げたりして体いっぱいに歩くことを子どもたちに伝え，体全体を使う楽しさを実感させます。また，太鼓の音の強弱を体で表現させることも伝えると，より一層，活動が盛り上がります。

❸いろいろ歩きにチャレンジ！（5分）

　　いろいろな歩き方を体いっぱいに表現することの楽しさを味わうことを大事にします。ゆっくりな歩き方（ぞうさん歩き）や素早い歩き方（カンガルー：両足跳び）のように，心を解放して楽しむことを目的とします。

かかと歩き（ペンギン歩き）で 歩こう！

1年生は運動経験に差が大きいことがよくあります。ペンギン歩きやカンガルー（両足跳び）など，動物歩きも取り入れることで，楽しい雰囲気が倍増します。
＊おりかえしの運動で学んだ動物歩きを応用してみるのもよいかと思います。

タッチで挨拶！

友だちがどんな歩き方をしているのか，見ることも大切にします。そこで，すれ違う友だちとは，挨拶としてタッチをすることを約束にします。ちょっとしたやり取りですが，楽しい時間を共有するために大切な行動です。

こんな場合，どうする？

Q：経験が少ない子どもたちでもできる，いろいろな歩き方にはどんなものがありますか？

A：リズムを変えて歩くだけ・走るだけでも十分楽しめます。その他には，大また歩きのように歩幅を大きく・小さく（細かく）するというアレンジでも楽しく学べます。クラスの状況に合わせることが大事です。

67 猛獣狩りへ行こうよ！

準備物 リズム太鼓

学級内でも，表現することが得意な子もいれば，苦手な子もいます。また，友だちとの関わりが苦手な子もいます。体育授業は「関わる」ことが大切で，意図的に関わりを持たせ，そこから学びを深めていきます。その場として「猛獣狩り」は最適な教材です。

ねらい

「猛獣狩りへ行こうよ！」から連想することを，話し合いながらみんなでつくり上げます。「鉄砲が必要！」や「みんなで力を合わせなくちゃ！」などストーリー性も味わいながら取り組むことが大事です。

活動概要（身につけさせたい力）

思い思いに表現することを第一の目的として，体いっぱいに表現することの楽しさを味わいながら，仲間との関わり方を身につけます。

授業の流れ

❶まずは表現する楽しさ！〜お題に合わせて表現してみよう！〜（3分）

どうしても表現することが苦手な子もいますが，表現することが楽しいと思わせることが大切です。まずは，自由に歩きながら「お題に合わせて表現してみよう！」から始めます。お題は何でもいいのですが，今回の「猛獣狩り」というテーマに沿った内容の方が，スムーズに入れると思います。
＊例：「猛獣といえば？」「猛獣に立ち向かうヒーローは？」「猛獣を倒す武器は何がある？」など

❷決まりの動きを覚えよう！（3分）

お決まりのセリフや動きを全員で唱えます。ポイントは，先生自身が先頭に立って，オーバーリアクションで演じ切ること！

T：「猛獣狩りへ行こ〜〜うよ！」　C：「猛獣狩りへ行こ〜〜うよ！」

T：「猛獣なんて怖くない！」　　**C**：「猛獣なんて怖くない！」

T：「鉄砲だって持ってるし！」　　**C**：「鉄砲だって持ってるし！」

T：「槍だって持ってるもん！」　　**C**：「槍だって持ってるもん！」

T：「あっ！」　**C**：「あっ！」（2回繰り返す）　**T**：「ライオンだ！」

この「ライオン」の文字数だけ人数を集めたら猛獣狩りが成功となります。

❸猛獣狩りへ行こうよ！本番！（4分）

いよいよ本番！　大きな声・楽しい雰囲気で取り組みます。

ルールは2つだけ！
猛獣の名前の文字数だけの人数で集まりますが、ルールは、できるだけ男女混合で集まること。もう1つは、同じ人と何度も組まないことです。意図的にいろいろな子と交流させます（関わる機会を持たせるように工夫します）。

こんな場合，どうする？

Q：関わりが苦手な子には，どのような声かけが効果的ですか？

A：「まずは，近くにいる子に声をかけてごらん！」「仲間を探している友だちがいたら，すぐに声をかけられるといいね！」と全員にこのような声かけをすることで，スムーズに仲間づくりができるようになります。

効果的なお便りと 学習カードの活用を ～家庭との連携を～

　お便りを効果的に活用し，体育授業で扱う水泳やなわとびの学習を始める前に，毎日簡単にできることを家庭でも繰り返し練習してもらえるように協力をお願いする場とします。大事なことは，この練習を行うことでどのようなことができるようになるかを伝え，そして子どもたちの「心配」「不安」を取り除くことです。子どもたちが「安心」して授業に臨むことができることで，保護者も安心でき，活動への意欲が高まるだけではなく，授業の効果的な運営が実現できます。

準備するもの０！簡単にできる内容を！

　取り組む内容は，保護者が戸惑わないように，できるだけシンプルに，そして，ポイントを絞ります。家庭でできたことが，授業での「できた！」につながることで，保護者との協力体制もより深まっていきます。

▲△　水泳学習の準備とご協力　△▲

1ねん　たいいく

すいえいがくしゅう　はじめのいっぽカード

くみ　ばん　なまえ

いよいよ，すいえいがくしゅうがはじまります。そこで，すいえいがくしゅうがはじまるまでに，おうちでできることをまとめました。できたことの○に1つずついろのりましょう。がんばって！

ステップ①　ジャブジャブあらって「水と友だち」

あさおきたときや，おふろでジャブジャブかおをあらいました。

○○○○○○○○○○

ステップ②　シャワーで「水と友だち」～目を閉じたまま10秒～

おふろでシャワーをあびるとき，めをとじたままあらいました。

○○○○○○○○○○

ステップ③　シャワーで「水と友だち」～目を開けたまま10秒～

おふろでシャワーをあびるとき，めをあけたままあらいました。

○○○○○○○○○○

ステップ④　シャワーで「水と友だち」～上を向いて，目を開けたまま10秒～

おふろでシャワーをあびるとき，うえをむいて，めをあけたままあらいました。

○○○○○○○○○○

　６月６日（水）から，いよいよ水泳学習が始まります。

　水泳は，水の中という非日常的な環境での学習になるために，開放的な気分になりやすいです。そこで，私たち教師の指示や指導が行き届かないと危険を伴いますので，約束をきちんと守ってほしいと思います。約束を守れない子1人のために，他の多くの子どもたちの学習の機会を失わせてしまうことのないように，水泳学習当日は「心を整える」ことをご家庭でもご協力をお願いいたします。

　また，毎日の健康管理が大切であることは言うまでもありません。

　次に，毎日の生活の中やお風呂で確認してほしいことがございます。楽しく水泳学習が行えるように，本日左記のような学習カードを配付しましたので，できたことの○に1つずつ色を塗ってあげてください。少しでも自信をつけてスタートできるように，皆様のご協力をお願いいたします。このカードは，5日（火曜日）と12日（火曜日）の2回担任へご提出ください。

おわりに

　本書の構成が固まった2022年5月。新年度が始まり，未だにコロナ対策で思い通りの授業が行えない日々が続いています。1日も早く，何の制限もなく，楽しく体を動かせる体育授業ができる日を楽しみにしています。

　今回提示した運動遊びを，一度授業で試していただき，子どもたちが前向きに取り組める基礎感覚を身につけ，たくさんの「できた！」を響かせてほしいと思います。その際に，学級・子どもたちの実態に合わせてアレンジを加えていただき，ぜひ先生方の色を出していただければ幸いです。本書をお読みいただきました皆様と，いつの日か共に学べる日が来ることを願っています。

　今回一緒に学んだ1年梅組の子どもたち！　ありがとうね！　とても楽しい時間でした！　笑顔の素敵な皆さんとまた体育の授業で会いましょう！

　最後に，本書を刊行するにあたって明治図書出版の中野様，木山様には，いつも励ましとご尽力をいただきました。この場をお借りして，心から感謝申し上げます。

2023年2月

　　　　学校法人明星学苑　明星小学校　夏苅崇嗣

〈参考文献〉
・筑波大学附属小学校体育研究部・平川譲・清水由・眞榮里耕太・齋藤直人（2020）『できる子が圧倒的に増える！「お手伝い・補助」で一緒に伸びる筑波の体育授業』明治図書出版
・松本格之祐・齋藤直人（2017）『小学校体育　写真でわかる運動と指導のポイント　マット』大修館書店
・清水由（2010）『小学校体育　写真でわかる運動と指導のポイント　ボール』大修館書店
・筑波大学附属小学校　平川譲・清水由・眞榮里耕太・齋藤直人（2016）『水泳指導のコツと授業アイデア』ナツメ社

【著者紹介】

夏苅　崇嗣（なつかり　たかし）

1973年生まれ。明星大学教育学部卒。
学校法人明星学苑　明星小学校教諭。
学級経営と体育について研究を進めている。
東初協学級経営部会運営委員。
筑波学校体育研究会理事。
UD体育事務局員。

撮影協力
2021年度　明星小学校1年梅組の子どもたち

単著
『体育科授業サポートBOOKS　この1冊でまるごとわかる！
小学1年生の体育授業』（明治図書）

分担執筆
『体育科授業サポートBOOKS　全領域の学習プリント＆学習
カードを収録　主体的・対話的で深い学びをつくる！教師と子
どものための体育の「教科書」　低・中・高学年（体つくり運
動担当）』（明治図書）

〔イラスト〕木村美穂

体育科授業サポートBOOKS

必ずうまくいく！
1年生担任のための体育活動アイデア

2023年3月初版第1刷刊　Ⓒ著　者　夏　苅　崇　嗣
　　　　　　　　　　　　　発行者　藤　原　光　政
　　　　　　　　　　　　　発行所　明治図書出版株式会社
　　　　　　　　　　　　　http://www.meijitosho.co.jp
　　　　　　（企画）中野真実・木山麻衣子（校正）丹治梨奈
　　　　　　〒114-0023　東京都北区滝野川7-46-1
　　　　　　振替00160-5-151318　電話03(5907)6702
　　　　　　ご注文窓口　電話03(5907)6668
＊検印省略　　　　　組版所　株式会社アイデスク

Printed in Japan　　　　　ISBN978-4-18-356427-6
もれなくクーポンがもらえる！読者アンケートはこちらから
→